追憶のヒマラヤ

マカルー裏方繁忙録一九七〇

尾上　昇

中部経済新聞社

全貌

「……こんなところは、登れない。
いや、登ってはいけないのだ」

ベースキャンプ入りした翌日の快晴の朝、テントを出た私の目に、巨大なマカルーの姿が飛び込んできた。そのあまりの荘厳さ、神々しい姿に、私は雷に打たれたように身動きひとつできなかった。それは、苦難の連続だった準備を終え、いよいよ大自然と対峙するドキュメンタリードラマが開幕した瞬間だった

素朴なネパールの人々

大地には
陽光が容赦なく
じりじりと
照りつける。

キャラバンの荷を担ぐポーターの中には、まだあどけなさの残る10代の少女たちも混じる。現金収入の途のほとんどない彼らにとって、ポーターは貴重な稼ぎ口だ

登山隊のキャラバンが珍しいのであろう。沿道の住民（農民）たちが見物にやってくる

キャラバンが通る道は、住民達の生活道路でもある。ポーターたちは30kgの荷を背負って、マカルーのベースキャンプまでおよそ150㎞の道のりを30日間かけて歩く

苦闘のキャラバン

シプトン峠に
自然の猛威が立ちはだかる。

キャラバン最大の難所、シプトン峠。4月初めにこの雪の峠を500人近い人間が越した記録は、いまだかつてない。峠越えは、難渋を極めた

登攀

アイスフォールの中の迷路。今にも崩れそうなアイスビルディング、垂直の雪壁、8,000メートルの岩登り……見上げる南東稜は難所続きだ。ここまで上がると、周辺の山々の頂は、はるか眼下である

その先にはもう、高いところはなかった。

第一次攻撃隊の遭難騒ぎのため、たった2時間の仮眠をとっただけで、第二次攻撃隊がアタックに出る。まだ頂上は遠い。食料も燃料も底をついた。これが本当のラストチャンスだ。もし、マカルーの頂に立つことができなければ、8年間の苦労は泡と消える。まさに不退転のアタックであった

頂上直下でカメラが凍る。フィルムの千切れた写真が1枚だけ撮影できた

冒険

こんなに面白い山登りはなかった。

日本からはるばるヨーロッパの地を踏み、大西洋の荒波と北海の氷海を砕氷船で横断。6分の5が氷で覆われた島、グリーンランドに我々は上陸した。日本人は誰も訪れたことのないこの地での登山は、山登りの原点である冒険的な要素を多分に含んだ、実に愉快な体験であった

グリーンランドの登山には、橇が欠かせない。人が曳くので人曳き橇と呼ぶ。白夜の中を、1人あたり100kgを超す装備を携え、クレバスに進路を妨げられながら奥地を目指す。ヌナタックと呼ばれる峰々は、その頂のほとんどが手付かずの未踏である。そして極北の舞姫、オーロラの乱舞。充実した52日間の山旅は、あっという間であった

追憶のヒマラヤ

マカルー裏方繁忙録一九七〇

はじめに

一九七〇年（昭和四五年）、私はネパールヒマラヤのマカルー峰（八四六三メートル）の登山隊に、隊員の一人として参加していた。高校時代から山に親しんできたが、山登りに本格的にのめり込むと、誰もがヒマラヤ登山を夢見る。私も同様で、いつかはヒマラヤへ……の思いを抱きながら、山登りを続けていた。

マカルー登山は、その思い、夢が叶ったということになる。私の二六歳から二七歳にかけての体験だった。まだ社会人一年生の、ほんの駆け出しの若造である。そんな若造の身にこのマカルーの体験は、あまりにも鮮烈で強烈であったことを改めて思い知る。何の疑いも抱かず、目的に向かってまっしぐらに突き進む私の姿が、そこにはあった。

この登山隊は正式には、日本山岳会東海支部が派遣した『マカルー学術遠征隊一九七〇』であるが、私にとってこの登山は、壮大なドキュメンタリーであるとともに、人生の一大プロジェクトでもあった。そして、大自然を舞台にしたこのドキュメンタリーの主役は人間であり、このマカルー登山隊にも、実に多く人が演者として関わっていた。その観点からすれば、これはそうした人々の活躍の記録であり、また生々しい人間模様とも言えよう。そして読者諸氏には本書から、『なぜ人は山に登るのか』という、禅問答のような問いかけの答えを探り出すヒントを得ていただければ、と思っている。

私はこの計画が実現する以前から、中枢メンバーの一員として深く加わっていた。そのため、計画段階から成功までのすべてを見定められたことが、この登山への思い入れを人一倍強くしている因になっている。

そんな思い出のマカルー登山が、仮に令和の今日にワープし

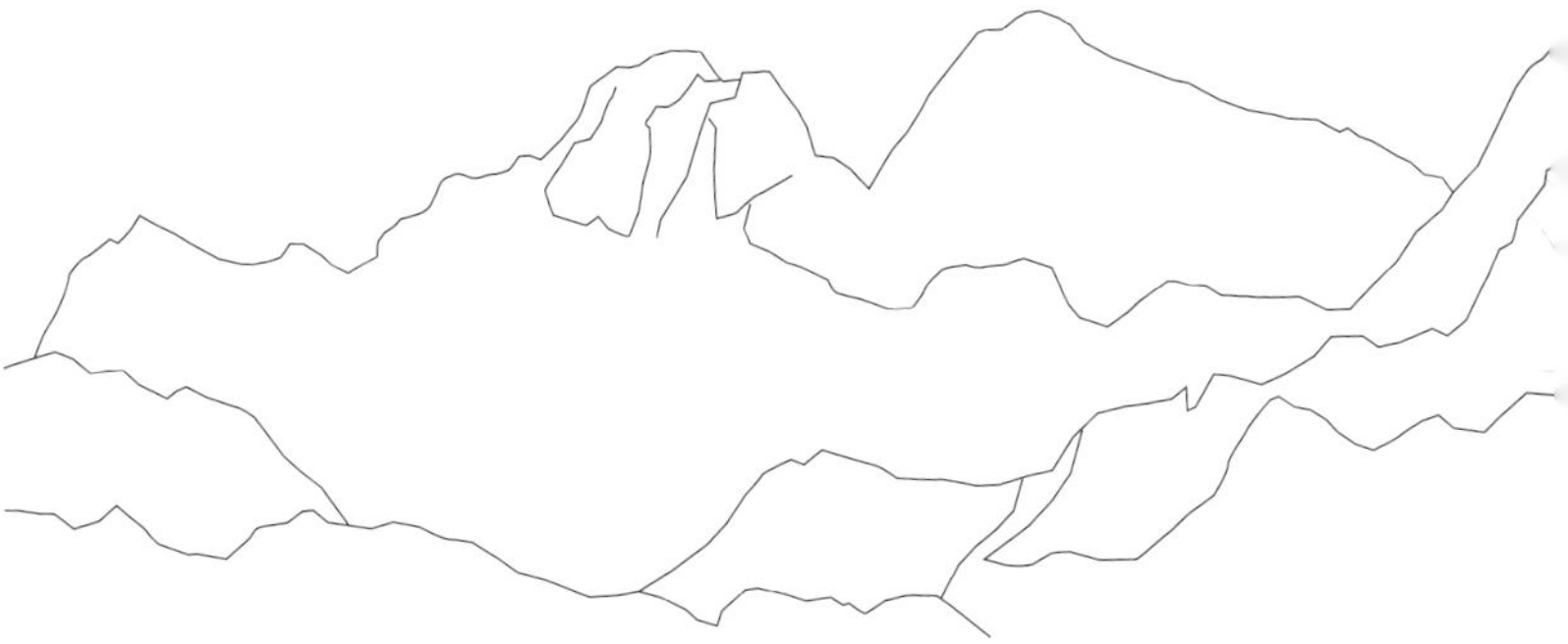

たとしよう。狡猾に人生を送ってきた今の私に参画を求められたとしたら、恐らく私の返答は……ＮＯであろうか。もうあんな難儀な体験はしたくない、というのが偽らざる本音である。

　こんな寓話がある。大航海時代、一隻の船が未知なる土地を求めて港を出た。途中、海賊に襲われるわ、嵐に遭って難破し水も食糧も底をつくわ、ついには船内で反乱も起きる。結局探険は失敗に終わり、乗組員全員、ほうほうの体で港に逃げ帰った。でも船長は、成果を得られず悔しがり、秘かにリベンジを誓っていた。

　やっとその準備が整い、前の乗組員達に声をかけるが、二度とあんな恐ろしい思いはしたくないと、誰も戻ってこない。困り果てた船長は、最後に航海中、何も言わず黙々と働いていた一人の水夫《かこ》を思い出し、「もう一度やるが行かないか」と誘う。水夫は「船長、その言葉を待っていたんですよ」と嬉しそうに笑った。

未知を求め、明らかにする。これが文明である。冒険や探険は、人間が未知に立ち向かう探求心そのものである。それを得た時の喜びと達成感は、その過程が苦しくて、厳しければ厳しいほど、人を強い刺激に酔わせる。

つまり水夫は、未知のその先を知りたかったのである。

近頃は年のせいであろうか、人生の終着駅の赤いランプがちらつき出すと、やたら人恋しくなったり、昔日の思い出やできごとが次々と蘇ってくる。マカルーもそうだ。あのとき私が演じた一挙手、一投足が、鮮やかにフラッシュバックする。

あのマカルーから、今年でちょうど五〇年。私は物思いに耽っているうち、にわかにこれらの思い出を、まだ記憶の鮮明なうちに活字に残しておきたくなった。

ただ、私は、この登山隊の実際の登山活動では、体調不良で初期の段階から最前線を離脱している。残念の極みではある

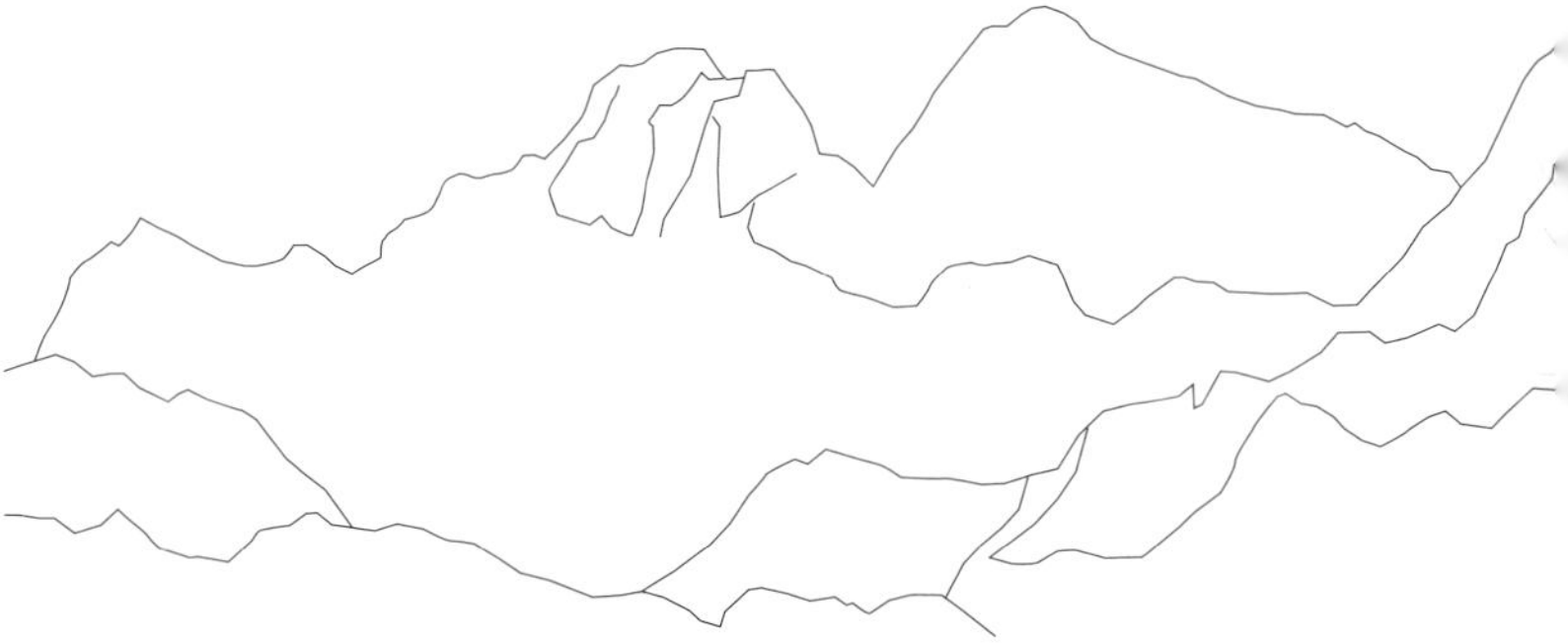

が、体調不良ではいかんともしがたい。早々と裏方に回らなければならなかったが、つまるところ私は、この登山隊の最初から最後まで黒子に徹してしまっているので、本書の副題に『裏方』を付させてもらった。また同時にこの体験は、私の歩いてきた長い人生そのものを、示唆するものであったとも言えるのである。

本書は、私の回想録であり、独白である。あるいは備忘録といってもよい。報告書や記録の検証ではない。まして、五〇年前の登山を、今さらここでひけらかすつもりも毛頭ない。回想とは、辞書を引くと『かつての経験を再認し、感情を伴って再生すること』とある。まさに過去のことに思い巡らすのであって、当然そこには個人的な感傷や感情の移入があってしかるべきだ。

文中には、私の邪推、思い過ごしもあろう。誤謬《ごびゅう》や思い違いもあるだろう。批判や蛇足の類も含まれているが、そこは回想

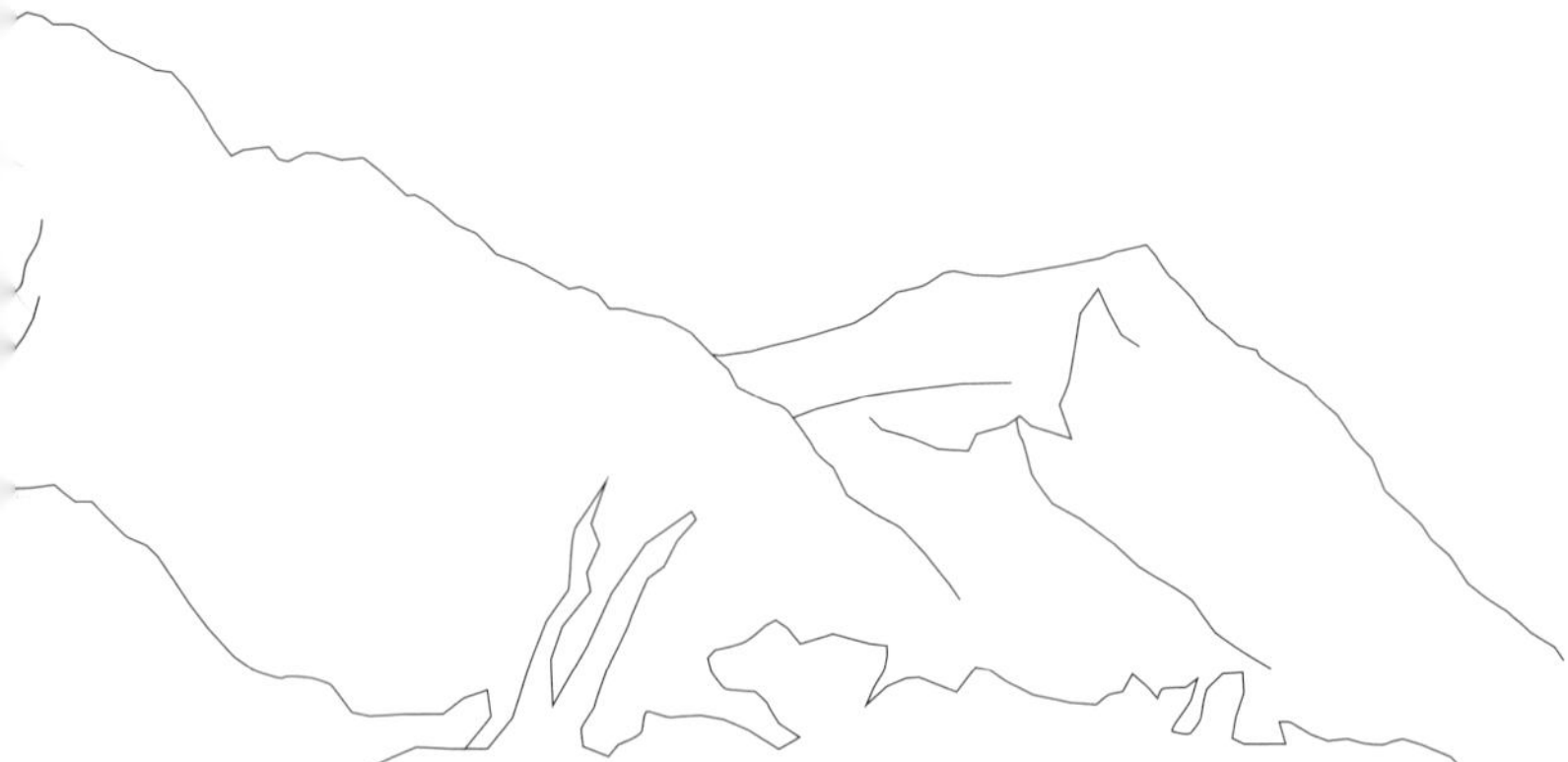

としてご理解いただきたい。私の身勝手な自己満足として、お見逃しいただきたいのである。

なお、本書の時系列から、マカルー登山をより理解してもらう必要上、その背景となる私の最初の海外登山「グリーンランド遠征」や、前後の関連するできごとを記させてもらった。併せてご笑読を賜ればと思っている。

令和二年八月十五日　尾上　昇

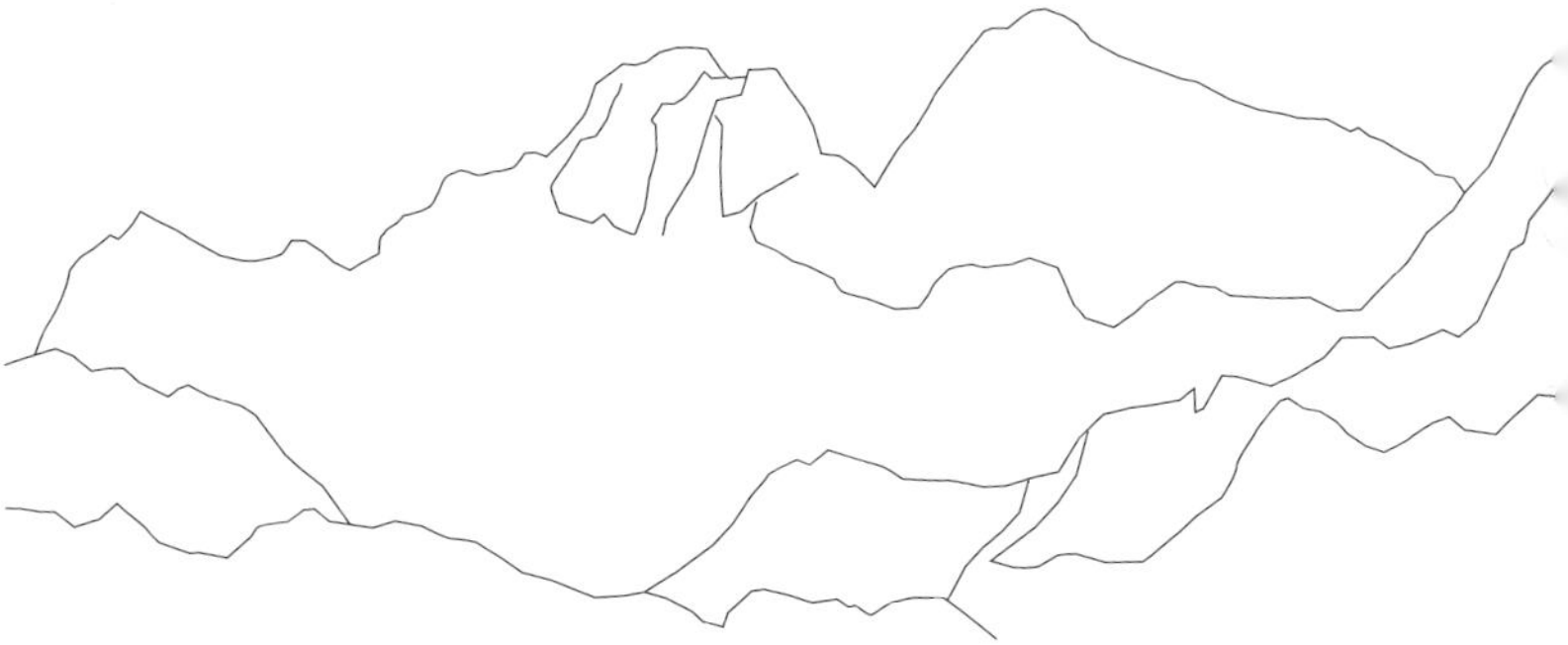

目次

■第一部　マカルー一九七〇

■第二部　私と山、若き冒険の日々と山岳会

第一部

マカルー一九七〇

ヒマラヤ　八〇〇〇メートルは神々の領域

刻々と夕闇が迫りくる、荘厳な霊峰。

その頂だけが、いま鈍い西日を受け、白い点となって冷たく光っていた。

ここはマカルー登山隊のベースキャンプである。前線司令部と兼用になっている食堂テントには全隊員が集まって、トランシーバーの回線をオープンにしたまま、固唾を飲んで見守っていた。登攀ルート上に設けられた各キャンプの隊員たちも、同じであった。

田中・尾崎の二人による頂上アタック隊からの連絡は、すでに数時間途絶えていた。イライラが募る。彼らなら絶対やってくれると信じてはいたものの、決して準備が万全のアタックではなかった。一昨日アタックした第一次攻撃隊は、頂上を目前にして時間切れのため進退が窮まり、八三〇〇メートル地点でビバークする事態が発生。あわや遭難という騒動となり、捜索と救出に一日を、その後の介抱にはさらに時間を費やした。その結果、第二次攻撃隊の二人はたった二時間足らずの仮眠で、頂上アタックに出ている。酸素も一本ずつしか携行していない。

五月二三日午前二時二〇分、二名はアタックキャンプを出発した。すでに、彼らの連続行動時間は十七時間に近い。沈黙は不安を呼ぶ。ひょっとしたら第一次攻撃隊と同様に、頂上目前で断念したのかも、という嫌な予感が脳裏をよぎった。隊の食糧も燃料も、酸素も完全に底をついている。ここを逃したらもう後はない。本当のラストチャンスである。

その時であった。

「BC、BC、……ただいま、田中・尾崎頂上」

トランシーバーが、田中さんの張りつめた声を届けた。午後七時一〇分、マカルー南東稜からの初登攀に成功した瞬間である。暮れなずむ四周、エベレストとローツェが闇の中に沈まんとしている二人の前には、もうそれ以上、高い場所はなかった。交信は短かった。寒気でトランシーバーの電圧が低下し、声は途切れ途切れで、最後の力を振り絞っているのだ。

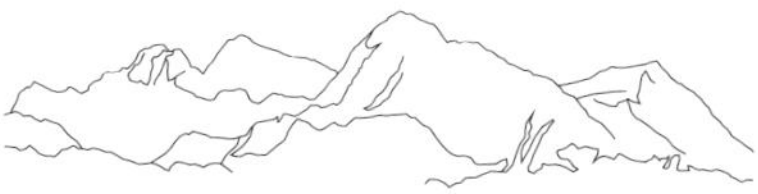

隊員、シェルパ合わせて総勢50名の登山プロジェクトとなった。ほとんどが二十代の若者だった
※写真は登山終了後、ベースキャンプ撤収時に撮影

「何としても、無事にアタックキャンプまで戻ってくれ」
原登攀隊長の言葉で、トランシーバーの交信は打ち切られた。私は食堂テントを飛び出すと、外にいたシェルパの誰彼かまわず「サクセスだ」「サクセスだ」と抱きついた……。

このマカルー南東稜初登攀の記録は、今からちょうど五〇年前のことである。私のこの回想録は、マカルー登山隊の計画段階から日本出発、帰国、そしてその前後に起きた、様々なできごとや事件、人間模様など、忘れられない思い出を綴ったものである。その内容を理解してもらうためには、どうしても予備知識として、まずヒマラヤから語り出す必要があろう。さらには当時の社会情勢や、送り出した組織などについても触れなければならない。

本書の舞台である『ヒマラヤ』を知るには、まず世界地図を開いてみよう。ユーラシア大陸のほぼ中央、インド亜大陸とチベット高原、そしてタクラマカン砂漠の間に、高山地帯であることを示す褐色の連なりがあるはずだ。この一帯を、グレー

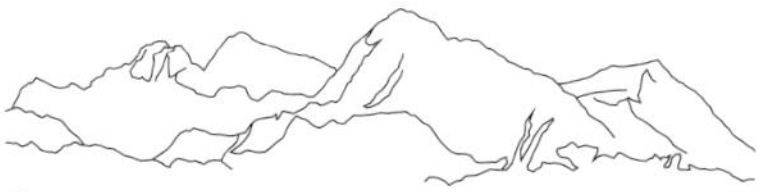

トヒマラヤと呼ぶ。西はアフガニスタンのヒンズークッシュ山脈から、カラコルム山脈、ヒマラヤ山脈へ。そして東はブータンまで続く、総延長二四〇〇キロメートルを超える巨大な山脈群だ。標高六〇〇〇メートルから八〇〇〇メートルの高山が連なり、その内のヒマラヤ山脈には世界一高いエベレスト（八八四八メートル）が、またカラコルム山脈には第二の高峰K2（八六一一メートル）が含まれている。

ヒマラヤとはサンスクリット語で『雪の住処』を意味するが、その名の通り山々は一年中、深い雪と厚い氷に覆われている。地球を一軒の家に例えると、ヒマラヤは一番高い屋根にあたることから、『世界の屋根』と呼ばれている。また、人を寄せつけない環境の厳しさは南極や北極に匹敵するため、『第三の極地』とも呼ばれている。

ところでこの巨大な山脈群は、一体どのようにして生まれたのだろうか。グレートヒマラヤの誕生は、実は地球の四六億年の歴史からすれば比較的最近といえる、五〇〇〇〜七〇〇〇万年前のできごとである。プレートテクトニクス（大陸移動説）によって、インド亜大陸がユーラシア大陸と衝突。固い岩盤層のユーラシア大陸に、インド亜大陸が潜り込むことで激しい造山活動が発生した。つまり急激な隆起により、いわば地球に『しわ』が形成されたのだ。これを褶曲山脈というが、現在もインド亜大陸は北へ移動しており、ヒマラヤは年々標高が高くなっている。いつの日にか、エベレストは一万メートルを超えよう。

そんなグレートヒマラヤには、八〇〇〇メートル級の山が十四座も存在する。我々が挑んだマカルーはその東方の一角にあり、標高八四六三メートル、世界五位の高峰である。

あまり知られていないことだが、ヒマラヤの山々の標高は、その測量方法によって微妙に異なる。八八四八メートルが定説になっているエベレストも、各国が測定した値にはメートル単位の誤差がある。中でも中国は、植民地としているチベット国の領土に頂上が半分含まれている事情から、標高の再測定で主導権を握ろうと躍起になっているようだ。マカルーの標高も同様で、最近では八四八五メートルが用いられているが、本書では当時の測定値である八四六三メートルを採用させてもらった。

こうした高山においては、雪と氷に加え、気圧の低下に起因する空気の薄さが、その環境をより厳しくしている。酸素分圧が低いのである。高度八〇〇〇メートル

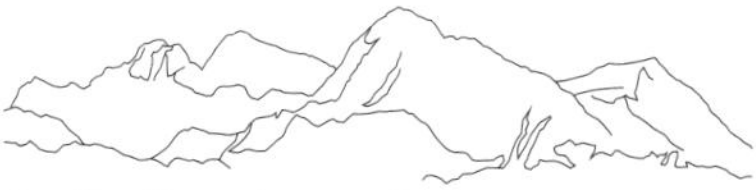

8000メートル峰14座の初登頂

No.	山名	標高(m)	地域	初登頂年月日	国	隊長名	初登頂者名
1	エヴェレスト	8848	ネパール・チベット	Friday, May 29, 1953	イギリス・ニュージーランド合同	ジョン・ハント	E・ヒラリー、テンジン・ノルゲイ
2	K2	8611	パキスタン・ウイグル	Saturday, July 31, 1954	イタリア	アルディート・デジオ	A・コンパニョーニ、L・ラチェデッリ
3	カンチェンジュンガ	8586	ネパール・シッキム	Wednesday, May 25, 1955	イギリス・ニュージーランド合同	チャールズ・エヴァンズ	G・バンド、J・ブラウン
4	ローツェ	8516	ネパール・チベット	Friday, May 18, 1956	スイス	アルベルト・エグラー	F・ルフジンガー、E・ライス
5	マカルー	8463	ネパール・チベット	Sunday, May 15, 1955	フランス	ジャン・フランコ	J・クジー、L・テレイ
6	チョー・オユー	8188	ネパール・チベット	Tuesday, October 19, 1954	オーストリア	ヘルベルト・ティッヒー	J・イェヒラー、H・ティッヒー、パサン・ダワ・ラマ
7	ダウラギリⅠ峰	8167	ネパール	Friday, May 13, 1960	スイス・オーストリア・ポーランド・アメリカ合同	マックス・アイゼリン	K・ディームベルガー、P・ディーナー、E・フォラー、A シェルバート、ナワン・ドルジ、ニマ・ドルジ
8	マナスル	8163	ネパール	Wednesday, May 09, 1956	日本 日本山岳会	槇有恒	今西壽雄、ギャルツェン・ノルブ
9	ナンガ・パルバット	8125	パキスタン	Friday, July 03, 1953	西ドイツ・オーストリア	K・M・ヘルリヒコッファー	H・ブール
10	アンナプルナⅠ峰	8091	ネパール	Saturday, June 03, 1950	フランス	モーリス・エルゾーグ	M・エルゾーグ、L・ラシュナル
11	ガッシャブルムⅠ峰	8080	パキスタン・ウイグル	Saturday, July 05, 1958	アメリカ	ニコラス・クリンチ	A・J・カウフマン、P・シェーニング
12	ブロード・ピーク	8051	パキスタン・ウイグル	Sunday, June 09, 1957	オーストリア	マルクス・シュムック	M・シュムック、F・ヴィンターシュテラー、K・ディームベルガー、H・ブール
13	ガッシャブルムⅡ峰	8034	パキスタン・ウイグル	Saturday, July 07, 1956	オーストリア	フリッツ・モラヴェク	J・ラルヒ、F・モラヴェク、J・ヴィーレンパルト
14	シシャ・パンマ	8027	チベット	Saturday, May 02, 1964	中国	許競	許競、張俊岩、王富洲、鄔宗嶽、陳三、成天亮、ミマ・ザシ、ソドナム・ドルジ、ドルジ、ユンデン

では、呼気に含まれる酸素の絶対量は、地上のおよそ三分の一しかない。そして酸欠状態は、生命を脅かす様々な症状を引き起こし、正常な判断もできなくなる。人間がこの高さを克服するためには、どうしても酸素ボンベなどの特殊な機器の助けが必要となる。さもなくば、待っているのは高山病であり、最悪の場合は命を落とす。

八〇〇〇メートルという高さは、生身の人間が活動するにはあまりに過酷な世界なのである。この領域のことを、登山家たちはデスゾーンと呼ぶ。エベレストのサウスコル（七八八〇メートル）に世界で初めて到達したスイスの登山隊は、「死の臭いがする」と表現している。

そんなヒマラヤ登山の歴史は、まず地理学的な探検から始まった。それらは主に、イギリスの植民地インドにおける、商権と植民地の拡大を目的としていた。世界最高峰のエベレストは、その発見に由来して、イギリスのインド測量局長官であったG・エベレストにちなんで命名されている。

ヒマラヤの登山史を紐解けば、その開拓に多くのイギリス人の名前を見るだろう。特に最高峰であるエベレストは、発見したイギリスが、国の威信を賭けて登頂

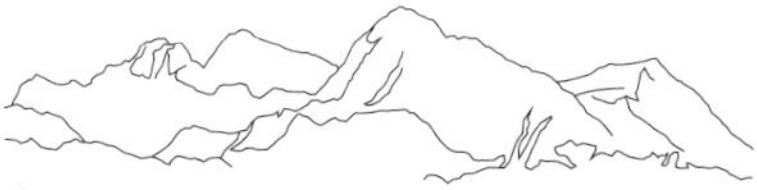

一番乗りを目指していた。一九二一年に最初の登山隊を送り込んで以降、二二年、二四年、三三年、三五年、三六年、三八年と次々に登山隊を派遣するが、いずれも頂上を制することができなかった。ルートは全て北側（チベット側）であった。

その後の第二次世界大戦中、ヒマラヤ登山は中断を余儀なくされた。ところが戦火が収まった矢先、チベットが中国の支配下に置かれたことで、北側からの登山は門戸を閉ざされてしまった。その代わり、これまで鎖国していたネパールが開国したことで、エベレストを含むヒマラヤ全域は、南側からの登山が可能になった。一九五一年、さっそくイギリスはルート偵察も兼ねた登山隊を派遣。今では通常ルートとなっている、東南稜からの登頂の可能性を見極めるに至った。

ところが一九五二年の春の登山許可は、スイス隊が取得していた。これに慌てたイギリスは、スイス隊に合同登山を申し入れるが断られてしまう。このスイス隊は同じ年の秋にも挑戦するが、結局、頂上直下の八六〇〇メートル地点まで到達しながら、天候悪化により撤退した。次の一九五三年春の許可を得ていたイギリスにとって、スイス隊の失敗はまさに天祐だったが、同時にその挑戦は不退転のラストチャンスでもあった。というのも翌年以降、続々と各国が登山許可を取得し、登頂合戦に名乗りを上げていたからである。もしこの年に頂上に立てなければ、イギリスのエベレスト初登頂は夢と消えるのだ。

一九五三年五月二九日に、イギリス隊のエドモンド・ヒラリーとシェルパのテンジン・ノルゲイが初登頂に成功したことは、周知の通りだ。初登頂に執念を燃やしていたイギリスは悲願を達成し、エベレスト命名国としての面子も保たれたのである。

ちなみに人類最初の八〇〇〇メートル峰登頂は、一九五〇年のフランス隊によるアンナプルナ峰（八〇九一メートル）で成し遂げられている。また日本でも、一九五六年の日本山岳会隊によって、世界第八位のマナスル峰（八一六三メートル）が初登頂されている。この登山は、日本国内に一大センセーションを巻き起こし、登山ブーム到来の引き金となった。

これから述べるマカルー峰は、一九五五年にフランス隊が初登頂を果たした。そしてヒマラヤ十四座の最後の初登頂は、一九六四年の中国隊によるシシャパンマ峰（八〇二七メートル）である。全山がチベットに属することから、どこの登山隊にも許可を出さず、何がなんでも自分達で初登頂をモノにせんとする、覇権主義の現

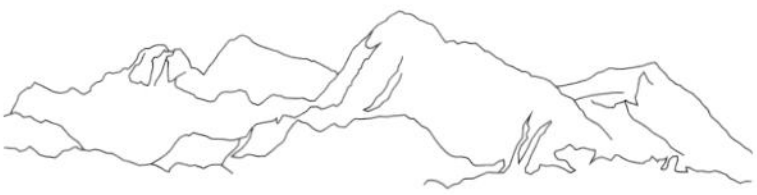

れであろう。この登山は、すでにその頃から、今日の中国のそうした姿勢を予感させるものであった。つまるところ、八〇〇〇メートル峰の初登頂にはそれだけの世界的な価値がある、ということだ。

憧れのヒマラヤへ　その長く遠い道のり

一九七〇年春、日本山岳会[※(1)]東海支部は、ネパールヒマラヤの世界第五位の高峰、マカルー峰に挑んだ。登山隊の名称は、「日本山岳会東海支部マカルー学術遠征隊一九七〇」である。

この遠征隊は、登山部門と学術調査部門で構成されており、登山隊は、未踏であったマカルーの南東稜からの登頂を目指していた。その一方で学術調査は、高所医学研究と地質調査及び氷河研究を目的に、名古屋大学環境医学研究所と、同大学理学部の水質科学研究施設が中心となって、その任にあたることとしていた。

一九七〇年五月二三日、この登山隊は、マカルー南東稜の初登攀に成功する。これは一九五五年の春、ジャン・フランコ率いるフランス隊の初登頂以来の第二登でもあった。ちなみにこのフランス隊には、ジャン・クジー、ギド・マニヨーヌ、リオネル・テレイなど、フランスを代表する錚々たる登山家が加わっている。しか

※（1）公益社団法人日本山岳会
1902年（明治35年）に設立された日本で最も古い山岳会。来日したイギリスの登山家、ウォルター・ウェストンのアドバイスによる。現在、全国に33支部を置き、会員総数5,000余名の我が国最大の山岳会である。これまでにヒマラヤなどに数多くの輝かしい記録を残している。中でも1956年のマナスル（8,163メートル）は、8,000メートル峰の日本人初登頂として有名。東海支部は、愛知県と三重県をテリトリーとし、最も活動の盛んな支部として評価が高い

も、ジャン・フランコ隊長以下全員登頂という快挙を成し遂げていた。

東海支部のマカルー遠征は、すでに五〇年前のことである。今のヒマラヤ登山は、山こそ限定されるが、その気になれば誰もが気軽に登りに行ける時代である。八〇〇〇メートル峰の登山も、最近は公募登山が幅を利かせていて、二〇一九年におけるエベレスト登頂者数は八五〇人を超えており、隔世の感を禁じ得ない。しかし五〇年前のヒマラヤ登山は、「日本を出発すれば半分成功したようなものだ」などと言われていた。日本を発つまでの準備活動に、厖大な時間と労力を費やさなければならなかったからだ。

また現在ほど情報が豊富ではなかった当時、ヒマラヤを目指す者は『ヒマラヤとは』から始まった。まずヒマラヤ研究会を立ち上げる。乏しい現地の情報収集と登山記録を漁り、目的の山を定める。装備や食糧計画も全て手探りである。日本人のほとんどの登山家が、ヒマラヤ未経験だったからである。そしてさらに、もう一つ厄介なことがあった。これは今でも同様だが、ヒマラヤやカラコルムなどは、領有権を持つ国から登山許可を取得しなければならないのだ。

この登山許可証を手にして、ようやく具体的な準備活動がスタートする。大きな遠征では、実行委員会にあたるヒマラヤ委員会が設置される。ルートの研究やタクティクス（計画遂行のための戦略や戦術）の検討。装備の研究から食糧計画、とり

総　　　図

※1970年当時
西パキスタン→パキスタン
東パキスタン→バングラディシュ
セイロン島→マダガスカル

わけ高所登山に欠かせない、酸素関係の研究や用具の開発など。これら全部を自分達で賄うのである。

そして最後に大仕事が待っている。物資と資金の調達だ。登山計画のスケールに比例して、必要な物資の量と資金はどんどん膨らむ。これが『日本を発てば半分成功』といわれる所以である。当時のヒマラヤ登山は、こうした準備活動を自前で熟すパワーと実行力を兼ね備えた組織にしか、適わなかった。

このマカルー遠征も例外ではなく、計画立案から日本を発つまでの苦労は、並大抵ではなかった。さらには、山に入ってからもキャラバンは難渋を極め、実際の登山活動も苦闘の連続であった。特に頂上攻略態勢に入ったクライマックスの五日間は、想像を超えるドラマチックな展開となった。

私はこのマカルー南東稜の登攀を、日本のヒマラヤ登山史の一ページを飾るにふさわしい快挙であると同時に、内外の登山家に多くのインパクトを与えた登山だと自負している。というのもこの登山には、それを裏付ける次の三つの大きな特徴が具わっていたからである。

※（2）バリエーション登山
登山の世界で、一般ルートとは別のより困難な登路をいう。特に高所登山では、初登のルート以外の新しい登路を指す

詳細は後述するが、まずヒマラヤ登山解禁後の最初に許可が下りた登山隊であったこと。次いでマカルー南東稜の初登攀は、ヒマラヤの高峰の初登頂がひと通り終わり、新時代の幕開けとなるバリエーション登山[※(2)]に先鞭をつけた画期的な登山であったこと。そして、登攀隊長を務めた原 真[※(3)]という男の強いリーダーシップのもとでの、斬新な隊の組織運営が実践されたことだ。

前述した、内外の登山家からの評価の一例を挙げてみる。かのエベレスト初登頂者のエドモンド・ヒラリーに、「まさかあの南東稜を日本人が登るとは」と言わしめている。ヒラリー自身、かつてマカルー南東稜に挑み、苦い敗退を味わっているのだ。さらに同氏はこの年の秋に来日した折、新聞の取材に対し、一九七〇年のヒマラヤ登山のベストスリーなるものを挙げており、その一つに東海支部のマカルーが含まれている。あと二つは、イギリス・ボニントン隊のアンナプルナ南壁と、オーストリア隊のローツェ・シャールである。

この登山を成功に導いた原さんは、先鋭的という言葉をよく使った。この言葉は、ヒマラヤへの夢を抱く若者を魅了させずにはいられなかった。ヒマラヤ登山は、理論も実践も急進的で革新的でなくてはならぬ、というのである。さらに原さんは

※（3）原 真

1936年、名古屋に生まれる。東海高校から札幌医科大学に進学。同大学山岳部に籍を置く。本業は名古屋市千種区「原外科病院」の外科医。2009年、脳梗塞で逝去。享年72歳。葬儀の類は本人の意思で一切行われていない

企画力にも優れていて、このマカルー登山の組織運営に、次々と斬新でユニークな手法を取り入れた。事実、彼は計画の段階からオルガナイザーとして隊を引っ張ってきたし、現場でも実質的な隊長として、強いリーダーシップを発揮している。

私が原さんに魅了される理由がもう一つある。それは、若さである。総指揮と隊長を除いては、全隊員の年齢差はほとんどない。常に行動を共にする同志としての絆である。原さんの強いリーダーシップは、同じベクトルで行動する者に、より強い目的意識と連帯感を育んでいった。原マジックといってもよい。私も完全に影響された一人であった。同じ高校の先輩だったこともあり、私はそれ以来、ずいぶん昵懇にお付き合いしていただいた。

しかしながら、マカルー登山隊の存在は、日本山岳会の支部としては異質であった。支部員全員が海外登山に憧れているとは限らない。大勢いる支部員の中には、国内の山登りで充分満足している者もいるし、一人山野を彷徨することに悦びを感じる者もいる。原さんは、こうした支部員を『炉辺閑話主義』と称して侮蔑した。だからといって彼は炉辺閑話を軽蔑しているのではない。気の許す仲間と山小屋の囲炉裏を囲み、山談義に夜が白むまで飲み明かすことも、またよしとしている。

山登りは、常に先鋭的でなくてはならない。その頂点に海外登山がある。そして、東海支部の姿勢もそうでなくてはならない。良くも悪くも、これが原 真という男の、山と東海支部に対する世界観であった。マカルーの頂を目指す我々の登山隊は、原さんを中心に次第に強い絆で結ばれていく。そして気づけば東海支部自体が、海外登山を目指す野心的で先鋭的な集団となっていた。

原さんは登山家というよりも、己の信条の具現を山に試みる思想家だったのかもしれない。だから必然的に、原さんの意図や思いに反する人たちは支部に居られない雰囲気が生まれ、自然に去っていった。強いリーダーシップは、程度の差こそあれ時として独断、独善そして教条性をともなう。この勢いがさらに強まれば、リーダーとそうでない者の関係は、親方に対する封建的な奉公のようになる。あくまで個人的な集団なら、それも許されよう。しかし日本山岳会のように、山に対して様々な想いを抱く者の集いで、クラブやサロンとして楽しもうとする会員も大勢いるような組織には馴染まないだろう。

マカルー登山を終えて、数年経た後、原さんは東海支部を、さらには日本山岳会をも去ることになる。

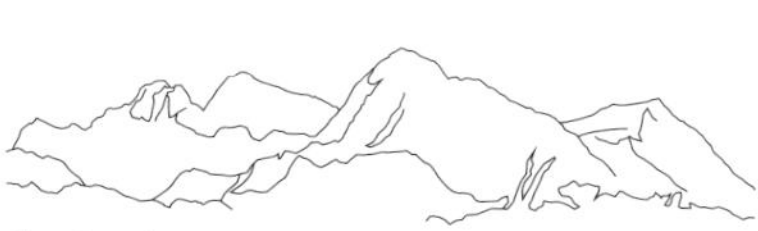

東海支部の設立とヒマラヤ登山計画

マカルー登山を語るには、どうしても東海支部の設立まで溯らなければならない。そもそも東海支部設立の主たる動機の一つが、この地方からのヒマラヤ登山の実現にあったからである。

一九六一年四月、日本山岳会東海支部は、石岡繁雄らが発起人となって、愛知県、三重県、岐阜県をテリトリーとして設立された。その後に岐阜勢は、分離独立して岐阜支部を設立している。当時石岡繁雄は、まだナイロンザイル事件※(4)の渦中にあった。

この頃の日本の登山界は、一九五六年の日本山岳会による世界第八位の高峰マナスルの初登頂に日本中が沸き、一大登山ブームが起きている。その一方で、海外登山に興味を持つ登山家たちの眼も、一斉にヒマラヤに向けられていった。

※（4）ナイロンザイル事件

石岡繁雄率いる三重県の山岳会「岩稜会」が、1955年の正月、前穂高北尾根東壁の登攀中に起こした滑落死亡遭難事故に起因する事件。トップの若山五郎がスリップ、セカンドの石原國利は、岩角にかかっていたナイロンザイルが何のショックもなく簡単に切れたことを報告。当時、ナイロンザイルは同じ太さなら麻ザイルの三倍の強度があるとうたわれていた。これに疑問を抱いた石岡がナイロンザイルの岩角への脆弱性を主張。この岩角欠陥を認めるようにメーカーに訴えたが、メーカー主催の公開実験では欠陥を明らかにできなかった。だが実験ではメーカーに作為的な行為があったことが後に判明、再度論争が起きる。最後は石岡の主張が正しかったことが認められ、事件は決着した。この事件を題材にした井上 靖の小説「氷壁」はベストセラーになり、映画化もされているとは言っても、ヒマラヤ登山は主に伝統校といわれる大学山岳部などが中心になっていて、弱小の組織にとってはまだ遠い存在といわざるを得なかった。まして地方となれば、それはなおさらである。

もちろんそうした地方の登山家も、多くがヒマラヤ登山に憧れを抱いていたのは想像に難くない。そんな彼らが日本山岳会の支部を設立し、支部を母体として、ヒマラヤ登山を実現させようと企んだ。支部には、この地方の登山家の多くが参画している。それだけヒマラヤ登山への関心が高かったのである。

なぜ、日本山岳会の支部がヒマラヤ登山実現に相応しいのか。それはネパール政府の方針で、ヒマラヤ登山の許可申請は、その国を代表する山岳団体を窓口とすることが定められていたからである。日本からのヒマラヤ登山の許可申請は、日本山岳会を通さねばならなかった。さらに海外登山の場合、現地で必要となる外貨の調達も、日本山岳会がその窓口となっていた。

当時、外貨（ドル）は貴重で、現在のように誰でも簡単に手に入るものではなかった。一ドル三六〇円の時代、外貨持出は年一回で一人五〇〇ドル、十八万円までと決められていた。

この二つの理由から、日本山岳会の支部からのヒマラヤ登山隊であれば、何かと便利で融通が利くのではないか、という思惑があった。

そして、東海支部が設立される。ただちに石岡繁雄を中心として、目指す山の選定に入った。最初に候補に挙がったのは、ヒマラヤの怪峰として名高かったジャヌー（七七一〇メートル）であった。ジャヌーは、鷲が翼を広げて立っているような姿から怪峰と呼ばれ、世界中の登山家が狙っている難関峰であった。もちろんその頂は、まだ誰にも侵させてはいなかった。

このジャヌーは、登山計画の中心人物であった石岡繁雄の恋着の山でもあった。世界の登山家が何隊挑戦しても落とせない難関峰ジャヌーを、ヒマラヤ初見参の当時の東海地方の若者が挑もうとするその心意気は、大いに感心させられると言わねばなるまい。

ところがこの山、翌年の一九六二年の春にフランス隊に登られてしまい、やむなく断念。次の目標として、ツインズ峰などが候補に挙がったが、燃え上がった火がいったん消えると寄せ集めの集団の悲しさで、意気が低下してしまう。支部は、しばらく沈滞した。

それでも支部の中には、ヒマラヤへの夢を抱く者が、少なからず残っていた。原真などの新しいメンバーが加わることによって、ヒマラヤ熱が再燃する。

支部員の一人に加藤幸彦さんがいた。加藤さんは名古屋山岳会に属していて、高田光政さんと共に、前穂高岳北尾根四峰正面壁の新村・北条ルートにおける、冬期初登攀の記録を持っている。この新村・北条ルートの冬期登攀は、日本中の登山家が虎視眈々と一番乗りを狙っていたもので、まさに新進気鋭の登山家と言える。瀬戸市の陶器商に勤務して茶碗などを売っていた加藤さんは、ドンブリとかドンチャンと呼ばれていたが、何かにつけてどんぶり勘定だからという説もまことしやかに囁かれている。彼もまた、私の高校の先輩であり、同じ東海支部員である。

このドンチャン、その腕を買われて、長野県山岳連盟が派遣したヒマラヤのギャチュンカン峰（七九五〇メートル）の登山隊に、助っ人として加わることになった。この隊でカトマンズに向かうことから、東海支部は彼に、支部のヒマラヤ登山許可の取得を依頼した。数ある山の中から彼が選んだのは、未踏のローツェ・シャール峰（八三八二メートル）である。東海支部のためにネパール政府と折衝して、一九六五年のプレモンスーン※（5）期の仮登山許可を取得してきてくれた。

※（5）プレモンスーン

五月中旬を過ぎると、インド洋から大陸に向かって湿った空気を運ぶ季節風が吹く。これがモンスーンで、東アジア全域に連日のように雨をもたらす雨季となる。モンスーンはヒマラヤ山脈にも影響を及ぼし、大量の雪を降らせ悪天候が続く。また、雪崩の危険性も高いことから、モンスーン期間中のヒマラヤ登山は適さない。通常ヒマラヤ登山はモンスーンの吹く前（プレモンスーン）とモンスーンの空けた後（ポストモンスーン）がベストとされるローツェ・シャールは、世界最高峰のエベレストのすぐ東隣に聳える、ローツェ山群の東端にある未踏のピークであった。山群の主峰のローツェ峰（八五一六メートル）は、世界第四位の高峰である。このローツェは一九五六年、スイス隊によって初登頂されている。ローツェ・シャールは一九六一年、イギリス人による挑戦を受けているが、ルートの選定が難しく早々に退却している。その後は手を付ける者は誰もおらず、かなりの困難が予想される山であった。

東海支部は、一九六五年のプレモンスーンのローツェ・シャール計画を機関決定。正式な登山許可申請の手続きを、日本山岳会に申し入れた。

ところがである。この時点で、日本国内で大きな問題が発生した。ローツェ・シャールには、早大山岳部も登山隊の派遣を決めていたのである。早大隊は、登山許可申請と外貨枠取得の手続きを、すでに日本山岳会に申し出ていた。つまり、ネパールサイドでは東海支部が仮許可証を握っているが、日本では早大に優先権が生じるという、捻れ現象が起きたのである。

両者の話し合いが持たれた。東海支部は、早大隊がローツェ・シャール計画と外貨枠を押さえていることを公表していなかったのを不満とし、早大は、日本山岳会を通じて許可申請と外貨枠の取得を済ませていることを主張。会談は度々行われたが、お互いが譲れ譲らぬの非難の応酬となり、いつも物別れとなった。

　埒が明かないのを見かねた日本山岳会が仲裁に入ったが、それでも両者は一歩も引かない。東海支部の交渉団は、石原國利を筆頭に中世古隆司、原 真、関谷 誠らの血気盛んな連中であった。会談では激高して、ついには罵声や怒号が飛び交う有り様である。会談の調整役だったのは、日本山岳会の当時の副会長の望月達夫さんであった。彼は篤実温厚な人格者として知られていたが、ついにその望月さんをして「東海支部はヤクザの集団か」とまで言わせてしまっている。

　時間は過ぎるばかりである。このままではタイムリミットがきて、両者共倒れになる。ここは日本山岳会会長に一任ということで、両者鉾を収めざるを得なくなった。東海支部としては不満の残る裁定である。時の会長は、松方三郎さんであった。この時点で、東海支部の劣勢は明らかであった。日本山岳会における東海支部と早大との力関係は歴然としている。東海支部には勝ち目はない。松方会長は、予想通り早大に軍配を上げた。

東海支部ではこれをローツェ・シャール事件と称して、日本山岳会本部にしてやられた苦い思いを味わった。また同時に、本部への不信感も募らせることとなった。なお、こうしたいわば本部の権威を振りかざす横暴さは呆れるばかりで、この後のマカルー登山の準備過程でも、二度にわたり同じような仕打ちを受けることになる。

苦難の連続　マカルー計画の実現

東海支部はローツェ・シャールを断念したが、すぐに次なる目標を定めて動き始めた。その山は、ローツェ・シャールとともに候補の一つになっていた、マカルー峰の南東稜であった。マカルーの南東稜は、フランス隊の初登頂ルートである北西稜の真反対に位置する。前述のヒラリー隊が一度挑んでいるが、そのあまりの厳しさに早々と退却した、いわくつきの山だ。その困難さは、ローツェ・シャールを凌ぐと言われていた。このマカルー南東稜に挑むことを正式に決める。

そんな最中、とんでもないニュースが世界を駆け抜けた。一九六五年三月、ネパール政府がヒマラヤ登山を当分の間禁止するというのだ。世に言うヒマラヤ登山禁止令である。これはインドとパキスタンの間でくすぶっていた、カシミール地方の領有権を巡る紛争に起因している。この紛争は次第にエスカレートし、印パ戦争と呼ばれるまでに発展。ネパール政府はそのとばっちりが及ぶことを恐れ、国境に

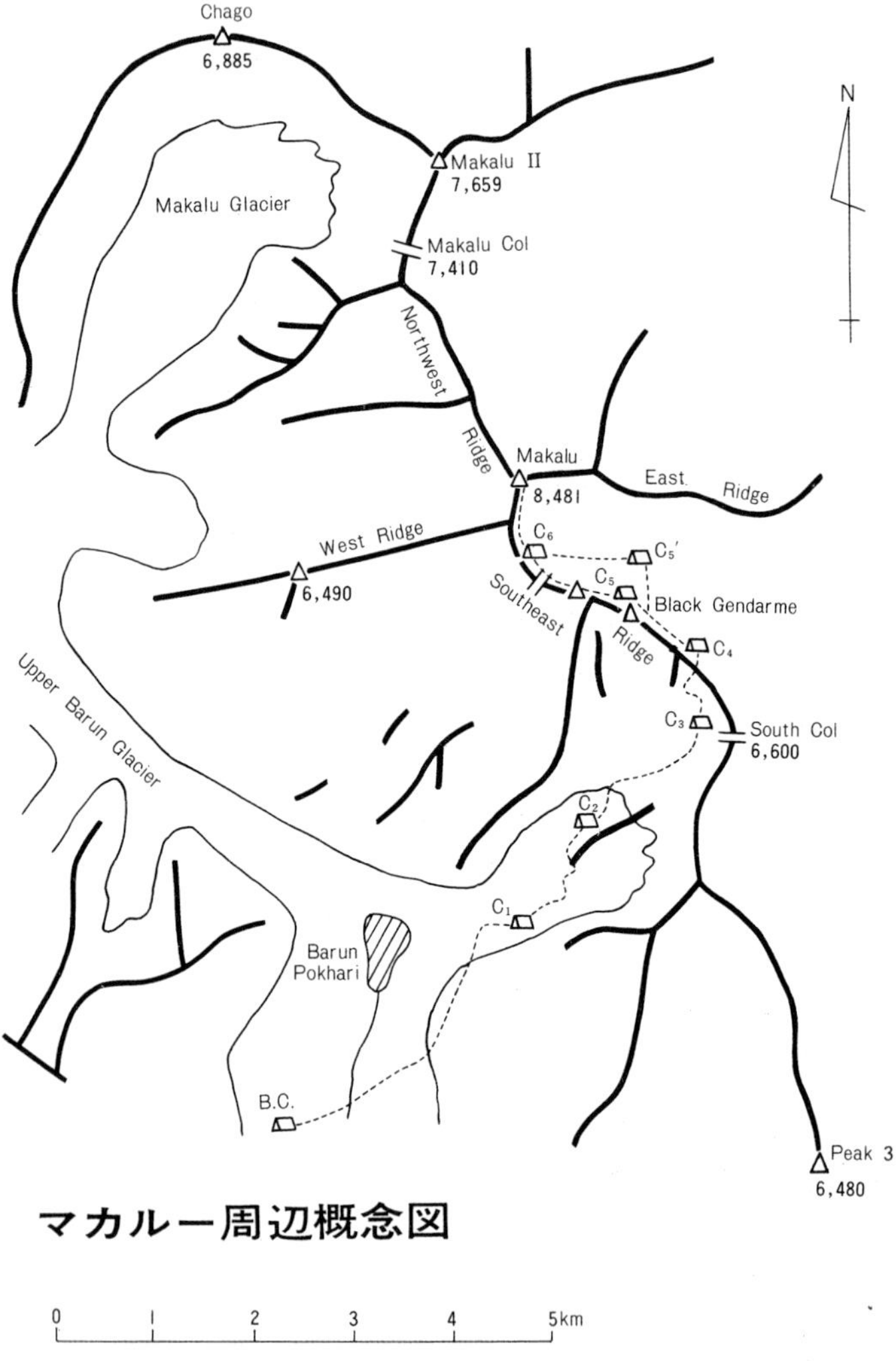

Chago
6,885
Makalu II
7,659
Makalu Glacier
Makalu Col
7,410
Northwest Ridge
N
Makalu
8,481
East Ridge
West Ridge
6,490
C6
C5'
C5
Black Gendarme
Southeast Ridge
C4
C3
South Col
6,600
Upper Barun Glacier
C2
C1
Barun Pokhari
B.C.
Peak 3
6,480
0
1
2
3
4
5km

マカルー周辺概念図

ヒマラヤの山々が多く存在することから、この措置を講じたものである。

それでも支部は一縷の望みをかけて、副支部長の石原國利さんをカトマンズに派遣。石原さんは一ヶ月にわたりカトマンズに滞在し、マカルーの登山許可交渉にあたる。しかし、ネパール政府は登山禁止令を盾に、許可を下してくれなかった。ただ、マカルーの登山申請のトップに東海支部の名前がブッキングできたことと、そのロイヤリティ（登山料）の半額を受け付けてくれたことが、せめてもの成果であった。ちなみに早大のローツェ・シャールは、ヒマラヤ登山が禁止される前に許可が下りていたので、その既得権で遠征が実現している。実に皮肉である。

このヒマラヤ登山禁止は、世界中の登山家に衝撃を与えた。第二次世界大戦直後から、中国はチベットへの入国を禁じていて、北側からヒマラヤへ登ることはできなかった。そして残されていたネパール側からの登山も、この禁止令によって不可能となったことで、事実上ヒマラヤは、登山界から政治的に隔絶されてしまったのである。またパキスタンも、印パ戦争の激化からカラコルム山脈への登山を禁止していた。

ヒマラヤもカラコルムからも閉め出された世界中の登山家は、止むを得ずそれら以外の山々を求めて、世界中に散った。アンデス、ヒンズークッシュ、コーカサス、アラスカなどから、中には極地の山にまで目を向ける者もいた。

日本人の中には、ヨーロッパアルプスに興味を示す者も多く現れた。アルプスの岩壁登攀である。それを象徴するのが、高田光政さんによる日本人初のアイガー北壁登攀である。ちなみに高田光政さんも、名古屋山岳会所属の東海支部員である。高田さんがドンチャンこと加藤さんと一緒に、冬の北尾根四峰の新村・北条ルートを初登攀したことは、前に述べた。

東海支部のヒマラヤ登山計画は、完全に白紙に戻ったのである。

それでもどうしても、たとえヒマラヤでなくとも、海外の山を目指したいと切望する支部員が少なからずいた。彼らの選んだ山は、南米ペルーのアンデス山脈の最高峰として知られる、アコンカグア峰（六九五九メートル）の南壁であった。アコンカグアは、北面と南面の地形が極端に異なっていて、北面はうまく高度順化※（6）すれば、誰でも登れた。それに反し南面は南壁と称され、世界に知られた大岩壁を形成している。その高度差は、三〇〇〇メートルを超す。この南壁に、東海支部が挑ん

※（6）高度順化

山は標高が高くなるに従って、酸素分圧が低くなる。人間は低酸素になると主に循環器系統に支障をきたし、頭痛、吐き気、倦怠感、運動機能低下などの症状が出る。重篤になると肺水腫や脳浮腫を発症し、死に至ることもある。高度障害や高山病とも呼ばれ、徐々に体を低酸素状態に慣らすことによって克服できる。これを高度順化や高度順応といい、ヒマラヤ登山には欠かせないプログラムである。個人差があり弱い人は富士山でも発症するが、8,000メートルでも酸素ボンベの助けを借りずに行動できる強者もいる

だ。

　アコンカグア南壁は一九五三年、フランス隊によって初登攀されている。東海支部は、このフレンチルートの第二登に成功した。一九六六年の二月であった。十三年ぶりの登攀である。それまで日本人は、高低差のある大岩壁の登攀に馴染みが薄かっただけに、この成功は高く評価された。それは同時に日本人の登攀技術が、すでに世界の水準に達していることを証明したものでもあった。

　この登攀をリードしたのは、橋村一豊さんであった。橋村さんは成城大学山岳部の出身で、彼が学生時代に打ち立てた積雪期における初登攀の記録の数々は、今も日本の登山史に燦然と輝いている。このジャンルを席巻していた社会人山岳会のクライマー達も、橋村さんには一目も二目も置いていた。それだけにアコンカグア南壁に挑んだ登山隊は、精鋭ぞろいの集団と呼ぶにふさわしい。その中に、マカルーに参加した原 真さんと市川章弘さんも名を連ねていたのだ。

　このアコンカグア攻略では、最新の登山装備や登山技術が種々試されている。これは、アイガー北壁を制した高田さんのアドバイスによるところが大であった。そしてここでの成果が、後年のマカルー南東稜のチャレンジに、多くのヒントをもたらしたといってもよい。

しかしアコンカグアが終わっても、ヒマラヤ登山が解禁される兆しはなかった。東海支部では来るべき日に備え、心ある者達によって、脈々とマカルーの計画が受け継がれていた。このころ、新たなメンバーとして東海支部に加わってきたのが、湯浅道男さんや、私こと尾上昇であった。

一九六八年八月、突如ネパール政府は、近々ヒマラヤ登山を解禁すると発表。待ちに待った朗報である。いつかこの日をと、満を持して備えていたことから、東海支部の動きは早かった。直ちに、一九六九年のプレモンスーンにおけるマカルー南東稜計画が機関決定される。ヒマラヤ委員会が設置され、準備活動が始動した。

ところが一九六八年の暮れになっても、正式な解禁の期日が示されない。やむなく東海支部では、一九六九年のプレモンスーンは無理と判断。本隊を一年延期し、その替わりこの年は、登山許可取得と南東稜ルートの偵察を兼ねた調査隊を派遣することを決めたのだった。

調査隊と登山許可──登山計画、その裏話

一九六九年二月二三日、マカルー調査隊は羽田を発った。

この調査隊を率いたのは、松浦正司さんであった。その他に尾崎祐一、小川 務、生田 浩、山田 勇の四名が隊員として加わっている。松浦さんは、原さんの母校である札幌医大山岳部出身の後輩で、原さんの秘蔵っ子であった。札幌で医者として働いていたのを、原さんがわざわざ名古屋へ呼び寄せたのである。

今にして思えば、この調査隊の派遣は一種の賭けだったと言える。一般的な考え方からすれば、かなりの見切り発車であった。この決断を下したのは原さんだったが、若さがそれをさせたのであろう。というのも、近々ヒマラヤが解禁されるとのニュースに、世界中から多くの登山隊が許可を求めてカトマンズ入りしたが、どこの隊にも許可が下りなかったのだ。解禁日の期日を決めていないこと、レギュレーション（登山規則）がまだ定まっていないことを理由に、ネパール政府はどの隊に

も登山許可を認めなかった。

日本山岳会本部もヒマラヤ解禁の報に接し、一九七〇年のプレモンスーンにおけるエベレスト派遣を決めていた。本部もこの年の一月、隊長の松方三郎さん（当時会長）自らが単身カトマンズを訪れ、一九七〇年の登山許可の交渉にあたった。ところが他隊と同様、何の成果も得られずカトマンズを去らねばならなかった。日本山岳会のエベレスト計画は頓挫した。

そんな状況下での、東海支部の調査隊の派遣である。しかも、松浦隊長以下五隊員に加え、調査隊用の登山装備や食糧を伴ってである。許可が下りる可能性などほとんどなく、肩を落としてカトマンズを後にする姿を、誰もが想像できた。調査隊派遣を決めた原さんの腹中に、いったいどんな秘策や勝算があったのか。それともダメもとだったのか。

松浦さんはネパール政府との交渉に、在ネパール日本大使館を訪れて協力を仰いだ。本部のエベレスト隊も、協力を依頼している。しかし大使館は、冷淡であった。けんもほろろの門前払いで、まったく相手にされなかった。一九六九年の審査はすでに終わっているから、交渉しても無駄だとさえ言われた。

許可を求めに来た各国の登山隊はことごとくカトマンズを去っていき、ついには松浦さんの率いる東海支部の五人だけとなった。松浦さんは四人の隊員を率いる調査隊として、スーツではなく登山姿でカトマンズに来ている。許可取れませんでしたとおめおめ帰れない、まさに不退転の交渉となった。

松浦さんは、登山申請の窓口となっていたシンガーダルバール（ネパール政庁の所在地）に毎日通い続けた。日本の事務局で待つ原さんも私も、気が気ではない。現地の松浦さんとは国際電話と電報でやり取りするのだが、国際電話はインド経由のため、長い時は繋がるのに一～二時間もかかる。しかも回線不良なのか、ガリガリと雑音が混じる始末だ。その点で電報は確実だが、やり取りに半日かかるなど、当時はとにかく不便だった。私は、支部ルームであり登山隊事務局にもなっていた原外科病院の地下室で、ひたすら毎日電話と電報を待っていた。

松浦さんからの報告は、はかばかしくない。連絡は毎日のようにあるが、進展がなく見通しの暗い報告ばかりであった。国際電報は、発信も受け取りもＫＤＤ（国際電信電話の名古屋局）で、電文はローマ字である。埒が明かないことへのイラ立ちから、しだいに文面が乱暴になってくる。業を煮やした原さんと私は、ついにこ

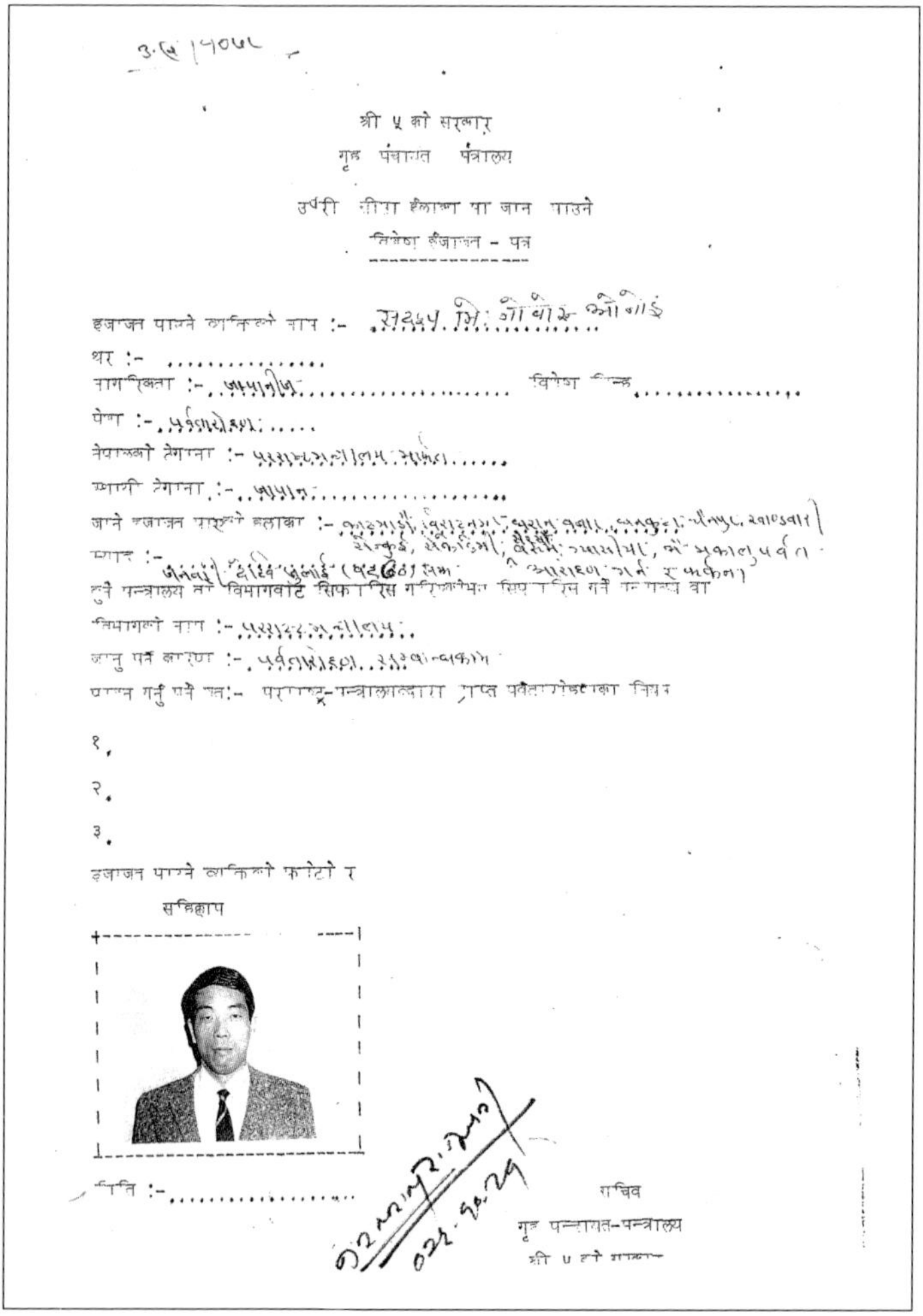

श्री ५ को सरकार
गृह पंचायत मंत्रालय

उत्तरी सीमा इलाका मा जान पाउने
विशेष इजाजत - पत्र

इजाजत पाउने व्यक्तिको नाम :-
थर :-
नागरिकता :- विशेष चिन्ह
पेशा :-
नेपालको ठेगाना :-
स्थायी ठेगाना :-
जाने इजाजत पाएको इलाका :-
म्याद :-
हुने मन्त्रालय वा विभागबाट सिफारिस गरिएको भए सिफारिस गर्ने मन्त्रालय वा
विभागको नाम :-
जानु पर्ने कारण :-
पालन गर्नु पर्ने शर्त :- परराष्ट्र-मन्त्रालयद्वारा प्राप्त पर्वतारोहणका नियम

१.

२.

३.

इजाजत पाउने व्यक्तिको फोटो र
सहिछाप

मिति :-

सचिव
गृह पन्चायत-पन्त्रालय
श्री ५ को सरकार

マカルーベースキャンプまでの通行許可証。著者分だが、隊員全員に同様の許可証が交付されている

んな電文まで打った。

「BAKAYAROU KAETUTEKURUNA SINDEMO KYOKA TORE TORE TORE（バカヤロウ 帰ってくるな 死んでも 許可 取れ 取れ 取れ）」

これにはKDDの職員も驚いた。これ本当に打つのか、と私に顔を向ける。私は黙って、力強く『うん』と頷いた。

そんな時、ネパール側の窓口であるシルワル担当官と毎日会って、すっかり顔なじみになっていた松浦さんは、会話の中で耳寄りな情報を手に入れた。解禁の発表以前のことだが、アンナプルナ峰への一九六九年のプレモンスーンの登山許可が、西独隊に対して例外的に与えられていたという。そこで松浦さんはシルワル担当官に、その理由を率直に尋ねてみた。すると彼が言うには、わざわざそのために西ドイツから外務大臣がカトマンズまで直談判に来たので、体面上特別に許可せざるを得なかったというのだ。

これを聞いた松浦さんは、一計を案じた。宿泊先のホテルへ帰ると、日本の事務局に国際電話を入れた。

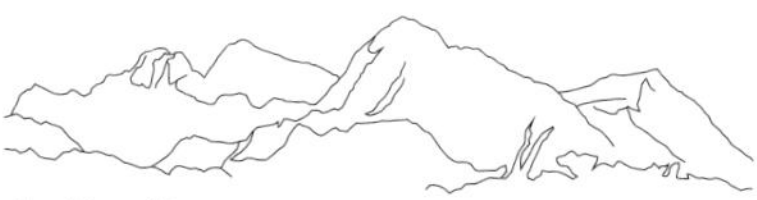

その内容は、「西独隊に特例的に許可が下りた理由がわかった。我々も同じ方策を講じればよい。日本の外務大臣がネパールまで来て、直接交渉すれば許可は下りるだろう。だがそれは不可能なことなので、その替わりに日本政府の名代として在ネパール大使が交渉にあたれば、同じ状況が生じる。大至急、外務省を動かして、在ネパール大使に命令するよう圧力をかけてくれ」というものである。実に突飛な策である。

確かに理屈は分かるが、そう言われてもどうすればいいのか。しかも事は急を要する。電話を切った原さんは、苦虫を噛み潰したような顔で、どうすると私に問いかけたが、返す言葉はなかった。そのうちに夕方になってしまい、途方に暮れた我々は夕飯を食べに出かけたが、どうするどうするの繰り返しである。明日、外務省の南西アジア課を訪ね、頼んでみるか。でもきっと門前払いだろう。時間があるならともかく、無駄足だ。私の脳裏を『もう一年延期』の文字がよぎる。恐らく原さんも同じ心境だったろう。それから我々は半ば自暴自棄になって、馴染みのクラブへやけ酒を飲みに行った。思案投げ首である。

黙って水割りをあおっていた時、私の脳裏に川口洋之助という隊員のことが浮かんだ。私の日大山岳部の同期である。確かその父親が、超大物の代議士の後援会幹部とかで、川口はよくそのことを自慢していた。このルートで外務省を動かせないだろうか。私はその場から新潟在住の川口に電話をかけた。川口の父親は越山会の幹部であった。越山会は、後に日本の第六四代内閣総理大臣となる、田中角栄氏の後援会である。そのころ田中角栄氏は自民党幹事長の要職にあり、『カクサン』と親しまれ、まさに飛ぶ鳥を落とす勢いだった。よし。私はこの強力なコネクションに賭けた。

翌日、川口から私宛に電話が入った。明日の午前六時、目白の田中邸に来いという。なぜそんな早朝の時間帯なのか分からなかったが、私はとにかく向かうことにした。

三月初旬の午前六時は、まだ真っ暗である。東京のホテルに前泊した私と川口は、すでに煌々と灯りがともる目白の田中邸の門前に立った。制服の警官が物々しく警備する姿に一瞬たじろぐ。案内された待合室には、こんな時間にかかわらず既に二組の先客がいた。午前六時きっかり、廊下をパタパタとせわしないスリッパの音を響かせながら、「今朝は、寒いのう」と、例の濁声が聞こえた。

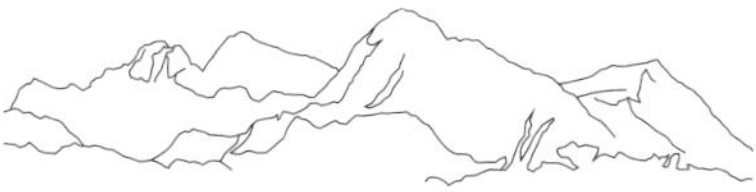

午前六時の意味が分かった。政務に就く前に、こうして各種の陳情を受けるのが、多忙な田中角栄氏の日課なのだ。我々の番になって応接室に通されると、田中角栄その人がソファにどっかりと座っており、促されるままおずおずと腰をかけた。

「おう、川口っつぁんの倅さんか。何用だった」

独特の響きを持つ濁声に私は緊張しながらも、用件を手短に話す。田中角栄氏はなんだそんなことかとばかりに、こちらへの質問もほとんどないまま「わかった。わかった」と受話器を手に取り、どこかへ電話をかける。そして電話を切るとメモ用紙に何かを書いて、すぐにこの人を訪ねなさいと渡してくれた。この間、たった十分足らず。そのメモには、外務省のとある人物の名が記されていた。

外務省の門は、八時過ぎには開いていた。広い省内の廊下を幾度も曲がり、一番奥の部屋に通された。そこには小柄で温厚そうな顔立ちの一人の男性が座っていて、差し出された名刺には『外務事務次官 牛場信彦』とあった。次官とはいうまでもなく、その省庁のキャリアのトップである。牛場次官は後年、駐米大使に任じられ、外交官として辣腕を振るうことになる。

私は牛場次官に、事の経緯を話した。すると次官はこともなげに「電報にしますか、文書にしますか」と尋ねてきた。急を要するため、私は即座に電報でお願いしますと答えた。併せて、念のため文書でもお願いすることを付け加えた。まるで郵便局の窓口でのやり取りだった。与党幹事長のお墨付きとはいえ、勢い込んでいた割にあっさり済んでしまい、外務省を出た私たちは本当にこれでいいのかと、何だか拍子抜けしてしまった。

外務省の動きは早かった。指令は即日届いた。今度は、これまで全く相手にしてくれなかった在ネパール大使を伴っての交渉となる。

三月十二日、松浦さんはシルワル担当官から呼び出しを受けた。日本政府の圧力を背景に、調査隊に登山許可が下りたのである。この許可は、ヒマラヤ登山解禁発表後の第一号許可であった。本隊の許可は、新しいレギュレーションの作成ができていないので、調査隊の帰りを待って交付するというものだった。これで事実上、一九七〇年のプレモンスーンにおける東海支部のマカルー南東稜本隊の登山許可が下りたのである。ちなみにこの許可を契機として、これまで申請が提出されていた他の登山隊に対しても次々と許可されることになり、大変価値ある第一号となった。

ヒマラヤへの扉をこじ開けたこの松浦さんの奇手、というより策略は、見事に図

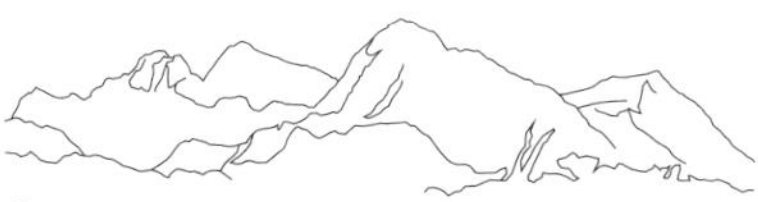

在ネパール日本大使館

にあたったことになる。ところで当の本人は、本当に事務局が外務省に働きかけ、電撃的に大使館を動かし、わずか数日で思惑通りに事が運ぶなどと、考えていただろうか。はっきり言えば、あの提案は現地で窮地に陥った松浦さんが、許可が取れなかった際に日本の事務局に責任を転嫁する口実だったのでは……。ぜひ機会があったら、正直なところを聞いてみたい。

勇躍、調査隊が現地に向かっている四月のことであった。当時、日本山岳会の総会は四月に開催されていて、閉会後の懇親会に出席していた時のことだった。エベレスト隊の渉外担当で、登攀隊長のOH氏が、つかつかと私のところへやってきた。そしてやにわに私に「東海支部から外務省に申請のあったマカルーの登山許可推薦状ね、あれ悪いけど発行しないよう外務省にストップかけたからね」と、したり顔で言い放った。

　私は思わず絶句して、これはとんでもないことになったと思った。しかし考えてみれば、外務省からはすでに推薦状の代わりに電報でお願いしてあり、とっくに大使館に届いていて、もう登山許可証を手にしているのだ。彼はその事を知らないのである。事が済んだマカルー隊にとって、文書による推薦状などは念のためにお願いしただけで、今となっては無用である。すぐ気づいたが、私はそのことを伏せたまま、とりあえず「えっ、それは……」と絶句したふりをしてみせた。今でもあの時のOH氏の勝ち誇った様子を思い出すと、笑ってしまう。

　この背景には、ネパール政府はヒマラヤ登山の解禁を発表しただけで、まだ時期もレギュレーションも定まっていないことにあった。情報が錯綜し、許可は一国一山とか、一国一隊に限られるという噂が、まことしやかに流れていた。これが本当ならマカルー隊が先に許可された場合、そのルールに則ると一九七〇年のエベレスト計画は諦めなくてはならず、登攀隊長である彼はそれを恐れたのである。どうせ外務省の南西アジア課へでも行って、マカルーの推薦状のことを聞き及んだのであろう。

もしこんな妨害工作が実際に影響を及ぼしていたとしたら、とんでもない話である。自分達の都合で邪魔になるものは、どんな手段を使ってでも排除するという、全く自己中心的な振る舞いだ。かつて、日本山岳会が日本の登山界を席巻していた時期があったが、その驕りの名残だとすれば、時代錯誤も甚だしい。

なおこの四月に、ネパール政府から本部のエベレスト隊宛に、一九七〇年の春に許可を与えるがどうするかと、打診の手紙が届いた。どうもこうも、本部としては断る手はない。エベレストは他隊の申請が目白押しなので、断れば他国に先を越されてしまう。申請順位が一位だった日本山岳会への念押しである。一度諦めかけた一九七〇年プレモンスーンのエベレスト計画も、同時に実現することになったことを付け加えておこう。

ともあれ調査隊は、三月十八日にカトマンズを発ち、翌十九日からマカルーのベースキャンプ（以下ＢＣ）に至るルートに沿って、ダランバザールを後にした。まずはキャラバンである。

ここで問題なのは、五〇〇人近い大部隊が越えなければならない、標高四二〇〇メートルのシプトン峠だった。調査隊は四月初めに峠を越えたため、雪の影響はわずかだった。しかし来年の本隊は、予定では約一ヶ月早くこの峠を越すことになる。これだけの人数が、この時期に峠を越した記録など、もちろんない。本隊の難儀が思いやられたが、この不安は的中し、後に我々を窮地に陥れることになるのである。

十八日間のキャラバンの後、バルンポカリ（バルン谷の池）の近くにＢＣを設営。調査隊は、登攀のルートとなる南東稜に突き上げるアイスフォール（懸垂氷河）を抜け、南東稜のサウスコル（峠）まで達して引き返した。南東稜の先のルートを見定めて帰路につく。そして六月五日、一九七〇年春の本隊の許可証を携えて、帰国した。

キャラバンルート図
Everest
8,840m
Lhotse
8,501m
Makalu
8,481m
Baruntse
7,220m
BC
4,700m
Pk.3
6,480m
Shershon
Khalka
Namche Bazar
Chamlang
7,319m
Pk.6
6,739m
Pk.7
Yanle
Khalka
Arun
Khola
Shipton
Barun Khola
4,200m
Pass
Iswa Khola
Kasawa Khola
Bunkin
Ala
Sedua
ENLARGED
SHIPTON PASS
Munbu
Khalka
4,140m
Keke La
PK. 7
6,105m
Pokhari
Turu La
4,200m
Kauma Khalka
1,370m
Num
Suspension
Bridge
Hur Hure
Alale
1,930m
Botebas
Khandbari
Dingla
Kumalgaon
Sawa Khola
Chainpur
Tumring
Thara
Ka Kua
Pinua Khola
Dudh Kosi
Janua
Bhojpur
Arun Khola
Monmai Khola
Dihare
Ba Kri Bas
Hille 1,800m
1,200m
Dhan Kuta
Toll
Bridge
Tamur Khola
Shangli La
1,200m
0
10
20
30Km
Scale 1 : 500,000
Dharan Bazar
TO
Birat Nagar

マカルーに向け準備活動が本格化

東海支部の設立から、すでに八年の歳月が流れていた。念願のヒマラヤ登山が、やっと現実のものとなった。関係者一同の感慨はひとしおである。そして準備活動が始動する。これまでは中枢メンバーが中心であったが、活動の本格化に伴い、所帯は膨らんでいった。

そして支部内に『ヒマラヤ委員会』が発足、いわゆる実行委員会である。委員長には支部長の熊沢正夫[※(7)]さん、副委員長に副支部長の伊藤洋平[※(8)]さん。そして事務局長に原さんが就く。実際の準備活動は原さんが統括責任者となって、セクションごとに責任者を決めていった。

渉外：尾上 昇

戦術（タクティックス）：田中 元

装備：尾崎祐一

※（7）熊沢正夫

明治37年、名古屋市生まれ。八高から東大へ進学。八高では山岳部、東大ではスキー山岳部に所属。日本山岳会会員。大正13年、八高時代に冬の木曽駒ヶ岳初登頂に成功する。理学博士。日本山岳会東海支部長就任、東海支部のマカルー隊で総指揮をとる。著書『上高地』『登山とキヤムピング』ほか

食糧：佐藤京子（中世古直子）
輸送・酸素関係：松浦正司
………

これらの責任者の下に、それぞれ数名ずつの隊員が加わる。渉外は私一人である。そんななか、佐藤（現・遠藤）京子さんが出発直前に体調を崩し、精密検査の結果、肝炎であることがわかり隊をリタイアした。食糧チーフには、同じ女性隊員の中世古直子さんが就いた。また交替隊員として、新たに芦谷（現・須田）洋子も加わった。この二名の女性隊員は、日本人初の女性による八〇〇〇メートル峰挑戦ということで大変な評判を呼び、マスコミから盛んに取材を受けていた。

ところで中世古さんは、後の一九七四年、『マナスル一九七四 日本女性登山隊』の登攀隊長として、マナスル峰の頂に立つことになる。これはマナスルの女性初登頂であると同時に、世界で初めて女性が八〇〇〇メートル峰に登った記録でもある。田部井淳子さんのエベレスト女性初登頂がもてはやされているが、ヒマラヤ登山史においては、むしろ中世古さんの記録にこそ価値がある。

※（8）伊藤洋平

大正7年、三重県津市生まれ。八高から京大医学部へ進学。八高では山岳部に所属、熊沢正夫の後輩である。京大学士山岳会会員。日本山岳会会員。医学生時代に雑誌『岳人』を創刊。穂高岳屏風岩の開拓、京大アンナプルナ隊、第一次南極観測隊に参加。医学博士。愛知県がんセンターウィルス部長などを歴任。日本山岳会東海支部副支部長就任。マカルー隊隊長。著書『岩登り入門』『回想のヒマラヤ』『山と雪の青春』翻訳『K２・非情の山』ほか

中世古・芦谷の両女性隊員は実際のところ、過酷な現地では活躍の場が少なかった。これについて後日、「結局、私達は客寄せパンダだったのか」と怒っていたが、中世古直子さんのマカルーでの体験は、後日のマナスルで大いに生かされたことは確かだろう。その証拠に、女性マナスル登山隊には最も重要なポジションである登攀隊長として招かれており、しかも自らが頂に立っているのだ。実はこのマナスル、面白いことに男女とも初登頂者が日本人である。

それにしても、準備活動は多岐にわたる。なにしろ調査隊を除くメンバー全員が、ヒマラヤ初経験である。その調査隊も、本格的にヒマラヤ登山を経験したとはいえない。だからやること全てが初めてで、まさに手探りだった。食糧や登攀用具、装備類はおおよそ見当はつくが、高所登山に欠かせない酸素関係については自前で研究、調達するしかなく、物によっては開発、製作しなければならなかった。

準備過程で発生する諸問題の解決には、文化人類学者の川喜田二郎が考案したKJ法を活用した。これはブレーンストーミング（複数人によるフリートーキング）で出された発想や条件を項目別に集約、分類して、問題解決に結び付ける手法である。また日程や行程管理には、時間と順序をネットワークで組むことでプロジェクトの工程を遅滞なく管理するPERT図を利用した。これは本来、米軍のミサイル開発を予定の期日通りに完遂させる目的で考案されたもので、現在の日本でもゼネコンの工程管理に活用されている。

余談になるが、このKJ法による未経験者ばかりの高所食の討議が、現場でのとんだ笑い話の種になっている。KJ法により、高所にはベビーフードが適していると導き出されたため、『主にキャンプ4以上で使うべし』ということになった。ところが、実際の現場ではこれが大変な不評を買ってしまう。不味くて腹持ちも悪く、どうにもならないのだ。不満の矛先が向けられた食料係の中世古さんは、「みんなで決めたことじゃない」と憤まんやるかたなしだが、机上の空論恐るべしで、本番前に一度試食すべきであった。

また検討会や会議の前には、指導にプロを招いての合唱練習を取り入れた。十曲ほどマスターした中の数曲は、二部合唱でも歌えるようになった。殺伐になりがちな会議も自然に和み、隊では覚えた歌で歌集を作成、現地でよく楽しんだ。

トレーニングにも工夫を凝らした。通常のランニングに加え、日本拳法と剣道を

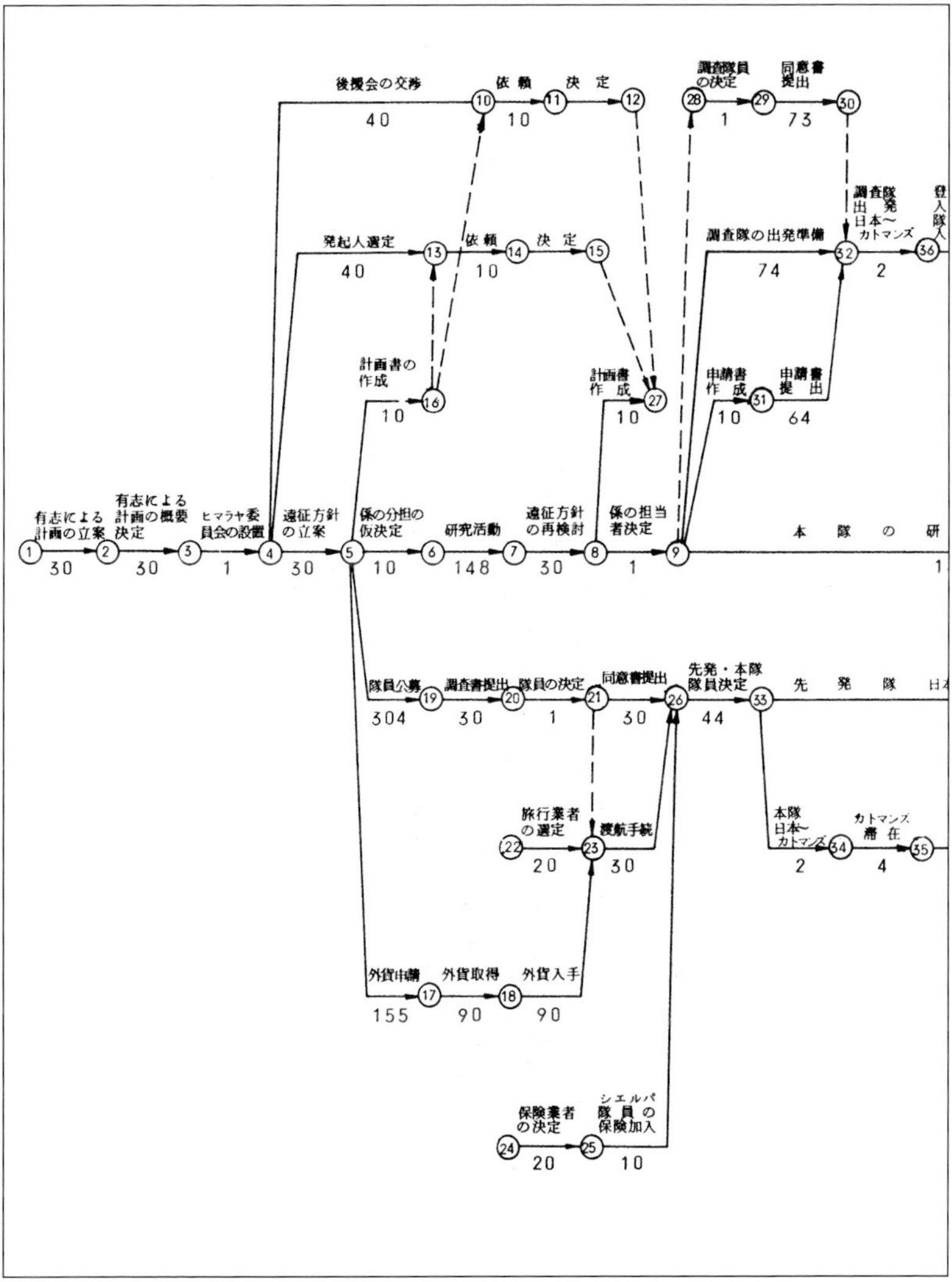

マカルー計画PERT図の一部を拡大した図。計画の全体像がひと目でわかる

やった。日本拳法は、グローブに面と胴などの防具を着ける。打つ、蹴る、投げる、寝技と何でもありの武道である。名古屋大学日本拳法部のOBで、愛知県の個人タイトル保持者から指導を受けた。この時ばかりは年功の別なく、お互い真剣に殴る蹴るである。剣道は防具と道場に限りがあるので一回で止めた。日本拳法はストレス解消と闘争心を養うのに大いに役立った。

　また実際のヒマラヤでの現場を想定した、登山装備の使用方法や登攀技術の修得を目的とした合宿

トレーニングを兼ねた日本拳法。原外科病院屋上にて

も実施した。五月の連休の立山、八月の御在所、九月の徳沢、十一月の岳沢である。九月の徳沢には、ほぼ隊員の全員が集結。前穂東壁の各ルートにワンビバークして、装備の検討や登攀技術の研修や意思統一を実施。さらには、マカルーに臨むための全体討論、原さんとの個人面談も行われている。この原さんとの個人面談、私とは何となく、お互いぎこちなくてすぐに終わったが、まだ隊員になって間もないメンバーは相当緊張したようだ。それにしても、中身の濃い三日間であった。

トレーニングや合唱も含めて、隊の組織運営に様々かつユニークなアイデアや斬新な手法を取り入れたことは、原さんの企画力と強いリーダーシップの賜物である。本隊の登山許可が得られたあたりから、このマカルー隊は「俺がオルガナイズし、リーダーとして指揮を執る」と固く決意し始めたのだろう。そして彼はその頃から、自分の意に反する事柄、時には人までをも次々と退けていっている。隊員たちもそれを、自然の成りゆきとして受け入れていた。

調査隊が帰国する直前であった。私は原さんに、話があるからと呼ばれた。やにわに「明日中に湯浅を切れ、引導を渡してこい」のひと言である。湯浅道男さんは私と同じ頃に東海支部の支部員に加わっていて、東京から愛知学院大学法学部の講師として赴任している。東京在住の頃は、社会人山岳会の第二次ＲＣＣに所属して、岩登りを得意としていた。名古屋に赴任して間もなく、ヨーロッパアルプスに第二次ＲＣＣ隊のメンバーとして加わり、ドリュー西壁の登攀を成功させている。

この二人は同年齢である。湯浅さんもなかなかの論客で、リーダーとしても尊敬できる人物だった。愛知学院大学の山岳部の面倒も見ていて、この地域のトップクラスにまで育てあげている。当初から私とともにマカルー計画に首を突っ込んでいた、中枢メンバーの一人なのだ。そんな湯浅さんを隊から外し、あまつさえ私に、その引導を渡してこいというのである。

リーダーは一人でいい、ということなのだ。別に、この二人の仲が悪いわけではない。東海支部における湯浅さんは、何につけ先任将校である原さんに気を遣い、一歩引いて彼を立てていた。我々にとって良き相談相手であり、信頼の置ける兄貴分だった。だが、船頭多くして船山に上る。これから困難な課題に取り組もうとする原さんにとって、組織はシンプルなほうがよく、そのために可能な限りシェイプアップすべきという方針の現れなのだった。

翌日の夕刻。しらふではとても話せない私は、湯浅さんを行きつけのスタンドバーに誘った。もじもじして関係のない話ばかりを続ける私に、見かねた湯浅さんが先に切り出した。

「原君に言われて、俺を切りに来たんだろう」

すっかり見透かされていたのである。これまでの雰囲気から、彼も原さんの考えをうすうす察していたようだ。湯浅さんは以後、隊から静かに身を引いた。

湯浅さんは隊を離れても東海支部を去ったわけではなく、後に原さんが去った後、支部再建の立役者となってくれた。また一九七三年の秋、第二次ＲＣＣ隊の隊長としてエベレストに挑み、ポストモンスーンのエベレスト初登頂を成功に導いている。原さんとの確執の意趣返しではとの噂もあるが、私はそう思っていない。あの時も、その後の湯浅さんの言動にも、原さんへの恨みごとや愚痴の類を、私はいっさい耳にしていない。

これは想像だが、原さんが引っ張るマカルー計画に、湯浅さんは当初から、心の中で距離を置いていたのではないだろうか。お互い強いリーダーシップを発揮する優れた登山家として、一つの頂に両雄が並び立たないことを、二人は知っていたの

かもしれない。

この時の原さんの心境を私が想像するに、原さんはマカルーのチーム作りに、幕末の新選組を重ねていたのではないだろうか。これは決して諧謔《かいぎゃく》ではなく、あながち的外れとは言い難い論拠がある。

マカルー計画が頓挫して、支部が沈滞していたころ。集会の帰りは、主に独身者と飲兵衛たちが連れ立って、よく酒と晩飯に出かけていた。音頭を取ったのは、名大山岳部OBの黒山明彦であった。そんな酒席の中で原さんが頻繁に肴にしていたのが、司馬遼太郎の『新選組血風録』だった。彼は新選組隊士の人間関係に興味を抱いており、特に土方歳三が新選組を、誰もが恐れる武闘集団に育て上げていく過程に強い関心を寄せていた。

原さんは自身を冷徹な土方に、さしずめ私を沖田総司にでも見立て、組織作りを試したかったとするのは考えすぎだろうか。新選組には局中法度という、厳しい掟があった。彼はそうした厳しさも、隊に求めていたことは間違いない。

これは後日談だが、帰りのキャラバンで私はシェルパのサーダー（リーダー）、ミンマ・ツェリンと一杯飲《や》る機会があった。その席でミンマは、客観的に見たマカルー隊を「Like a military.（軍隊のようだ）」と表現した。これを原さんに伝えたところ、何も言わずただニヤリと相好を崩したのである。

標高に比例する札束――海外登山とお金の話

今回のマカルー計画のような大規模の登山隊では、資金も厖大なものとなる。マスコミの支援は、朝日新聞の名古屋本社とNHK名古屋局から受けた。報道も重要だが、その期待するところは後援金である。ところが哀しいことに、名古屋は一地方局である。本部エベレスト隊の、毎日新聞本社とNHK本局の丸抱えとは、金額の次元が違う。お金に心配のないエベレスト隊が羨ましかった。

我々はこの計画で必要な資金の見積りを、およそ四〇〇〇万円と試算した。これはキャッシュベースで、寄贈物品は金額に含めていない。原資は、マスコミ二社の後援金と、企業や一般からの寄付金、そして各隊員の個人負担金である。そのうちおよそ半分の二〇〇〇万円が、名古屋の財界を頼みとした企業からの募金であった。

ところが十月に入っても、この企業募金の目途がほとんど立っていなかった。渉外担当の私が責任者である。当時二六歳の若造には、二〇〇〇万円もの金をどう工面すればいいのかなど、まったく見当がつかなかった。この状態が長引けば、隊の経営が破綻し、計画は御破算になる。一応、名古屋商工会議所に話は通してあるが、全く進展していなかった。主要な企業の担当者回りはとっくに済ませていた。誰もが自分の担当する分野で血眼になっており、このことは誰も気にかけてくれない。悶々とした日が続き、『計画中止』の四文字が夢にまで現れる始末だ。私は途方に暮れた。原さんでさえ、一向に気に掛けていない様子だ。気付いていないのか。焦っていたのは、私一人ばかりである。

そんな時、私にとても印象的な出来事があった。当時の私は勤め人だったので、マカルーの準備に四六時中のめり込むわけにはいかない。私の仕事は総務関係で、ある日、上司と新潟の高田市（現在の上越市）にある高校を訪問した。用件が済むと、上司に春日山神社へ参拝しようと誘われた。春日山神社は、かの上杉謙信が祀られている社である。せっかくなので行ってみると、参拝後におみくじを引くことになり、私は焦った。これまで、くじ引きの類でいい思いをしたことのない私が、こんな時にうかつに凶でも引いたら、落ち込むのは必定だ。

だが一方で、この苦しい現況に、神仏の加護を求めたい気もある。これも何かの縁だ。私はいささか大袈裟だが、マカルー登山の行方を、上杉謙信に賭ける決心をした。筮筒《ぜいとう》を手に、この時ばかりは真剣にマカルー計画成就の願をかけ、「大吉よ出よ……大吉よ出よ」と何度も何度も口に出す。もし凶が出たらどうしよう。意を決して筮竹を引き抜くと、巫女にこわごわ差し出した。渡されたおみくじを恐る恐るそっと開けてみる。『大吉』の文字が目に飛び込んだ。その下に、『願いごと、必ず成就する』とあった。「やったあ」私は心の中で快哉を叫んだ。そしてこのマカルー計画は絶対成功すると確信した。上杉謙信は戦いの神様である。毘沙門天の化身のお告げである。このおみくじ、マカルー登山のお供をしたことは言うまでもない。

しかし相変わらず、募金活動は八方塞がりであった。私は止むに止まれず、父親の尾上隆治に相談してみた。名古屋経済界の端くれの一人である父に、誰か財界に顔が利く人を紹介してほしいと助けを求めた。私が考えたのは、その人を介して、各企業のトップのアポイントを取る作戦である。

翌日、私は父とある人のもとを訪れた。その人は、明治十九年創業の名古屋きっての老舗宝石商である鉄砲町の『池田商店』社長、池田彰郎氏であった。父とは古くからの飲み仲間で、名古屋で著名な財界人らとも、昵懇の間柄であった。しかも池田氏の長男の浩一郎と私は、東海高校の同級生であった。こんな関係から、池田氏は私の申し出を快諾してくれ、次々と名古屋の主だった企業のトップにアポイントを取りつけてくれた。

当時の名古屋財界は、名古屋に本社を置く著名な五社、いわゆる五摂家が仕切っていた。中部電力、東海銀行、名古屋鉄道、東邦ガス、松坂屋である。その下に、日本陶器を幹事会社とする森村グループ、さらに有力な繊維商社や鉄鋼商社、地方銀行などが続く。トヨタ自動車は本社所在地が豊田市なので番外だが、名古屋財界の範疇に入っていて、別格扱いであった。なお現在では経済地図も大きく塗り変わり、名古屋財界にこうした概念はなくなっている。

にわかに事務局は忙しくなる。池田氏、熊沢総指揮（支部長）、伊藤隊長（副支部長）、それに原さんと私で、これらの名だたる企業を回った。トップとの交渉で、あれほど滞っていた募金活動は一気に進み、何とか年内には目標を達成したのだった。

この企業回りで、私は自身を改めさせられる思いをしている。我々のトップは熊沢総指揮である。大手企業の立派な応接室に通され、最初に熊沢先生が「熊沢です」と名刺を交わし、以後順次名刺交換するのだが、先生はその後、ひと言も発しない。難しい顔で座っているだけで、伊藤隊長や原さんがフォローするのだ。もう少し、お願いしますとかマカルー登山の意義だとか、せめてお世辞の一つでも言ってくれよと歯噛みした。

しかし実際は、名古屋大学教授・理学博士の肩書きで毅然としている熊沢先生の存在が、企業のトップに対して、むしろ隊の信用を高める効果をもたらしていたことを後で知った。無言の説得力というべきか。いつも余計なことを喋って、ひんしゅくを買っている己の小賢しさを大いに恥じた。

ところでこの募金活動において、またしても当時の山岳会本部に対して、憤りを隠せない出来事が起きた。

というのも、当初この募金活動は、日本山岳会のエベレスト隊と協同歩調を取ることになっていた。寄付金が免税となる制度を指定寄付というが、これは資金を提供する側にとって、経費として処理できるため魅力的な制度である。この指定寄付の手続きを、東海支部は単独で進めようとしていた。その矢先にエベレスト隊から、「同じ日本山岳会からの指定寄付の申請なので、一本化して共同で大蔵省（現財務省）に申請しよう。ついては手続きは本会でやってやる」という申し出があった。そういうことなら、こちらも手間が省ける。私は渡りに船と、本部にお任せすることにした。

その後、このことをすっかり忘れていたが、募金活動中に訪れた企業から、指定寄付のことを尋ねられた。大蔵省からはその後、何の通知も連絡もない。私は不安になって、この件を担当していた例のエベレスト隊の渉外担当であるOH氏に、確認の電話を入れた。ところが彼は電話の向こうで「ああ、あれね。大蔵省に行ったら同じ会から二つの登山隊に同時に指定寄付は出せないと言われたので、悪いがエベレスト隊だけにさせてもらった」と、いけしゃあしゃあと言うのである。

あまりの図々しさに、私は呆気に取られた。まるで人を小馬鹿にしているのだ。所詮マカルーは地方支部の計画で、すべては本部のエベレスト計画の都合が優先される、という態度が見え見えである。ダメならダメで、もっと早く知らせるべきだろうに。

ひょっとすると彼は、同じ会から二つの申請ができないことを初めから承知のう

えで、エベレスト計画に利するよう、東海支部をペテンにかけたのではないかとさえ勘繰ってしまう。指定寄付は受けられなかったが、幸いそのことが募金に大きな影響を及ぼすことはなかった。

このOH氏は、M大山岳部のOBである。M大には同期も含めて仲の良い友人が大勢いるし、関係する知人も多い。みんな愉快で楽しい人達ばかりだ。M大の名誉のために念を押すが、それがM大流なのではなく、あくまで当時の日本山岳会が高飛車だったのである。そして現在の日本山岳会には、そうした思い上がりはまったくないことを明言しておく。

さて、話を計画の初期段階に戻そう。当初の計画では、南東稜を登攀してから、フランス隊の初登頂ルートである北西稜を縦断するというものであった。これはかなり画期的といえるが、計画を進めていくと、次々に問題点が明るみになってきた。

そもそも、このままでは計画が大きすぎるのだ。縦断するとなれば、BCは一つだが、北西稜ルートにも南東稜の登攀と同じだけのキャンプが必要になる。それはまさに、遠征隊を同時に二つ派遣するようなものだ。

人材にも限りがあり、資金も五割増しが予想される。このまま実行すると、現地で計画が破綻し、中途半端に終わってしまう可能性が出てきた。そこで原さんを中心に討議を重ねた結果、北西稜への縦走はやめにして、計画を南東稜一本に絞ることにした。早目のこの決断は、むしろ全てを南東稜の登攀に集中でき、計画自体がすっきりしたものになった。そして後日、この判断は正解であったことが裏付けられるのだ。

いよいよ、マカルーの準備活動に拍車がかかる。装備や食糧の物資の調達である。食糧のほとんどは、食品メーカーへ寄贈を依頼する。大量に依頼したのでは、メーカーも戸惑うだろうから、同等品は複数のメーカーに小分けして依頼した。さすがに高価な装備類は寄贈とはいかないので、交渉して安価で購入する。そして、これらの物資が次から次へと事務局に集まってきた。また装備の一部は、カトマンズに直送してもらったりもした。

これらの仕分けと梱包作業に事務局はてんてこ舞いで、昼夜を分かたず汗を流した。我々以外、誰も手伝ってくれない。全隊員総出の手作業である。だから帰りは、いつも十二時を回っていた。日本からの隊荷は、最終的に十一トンを越していた。

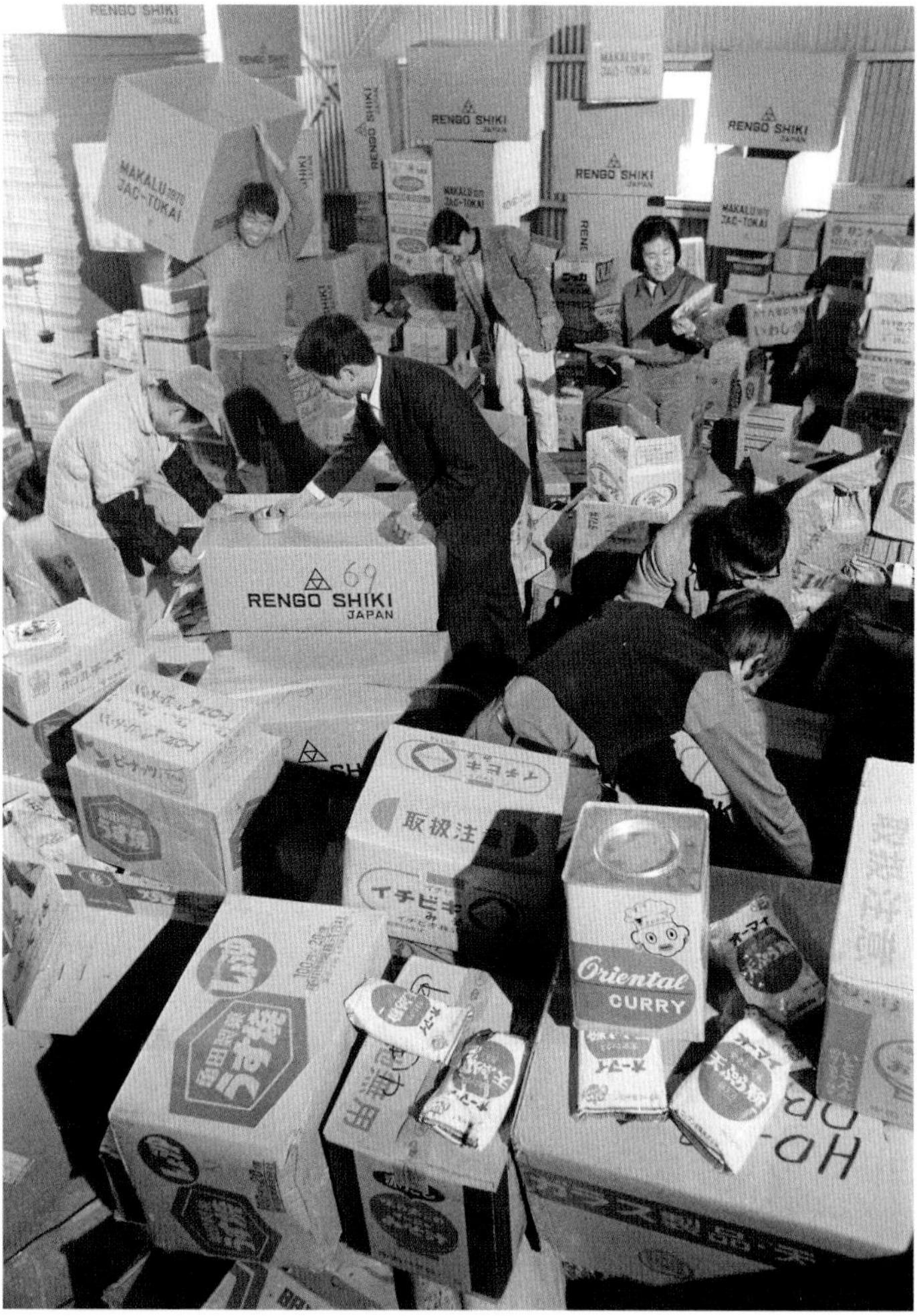

隊荷の梱包作業。尾上機械知立研究工場（現OMC豊田工場）にて
（朝日新聞社提供）

隊員の登攀具などの個人装備（尾崎・市川隊員提供）

この中には、ヒマラヤン・ソサエティから要請のあった二台の小型乗用車が含まれていた。ヒマラヤン・ソサエティは、シェルパとポーターを手配する窓口になっている団体で、自家用車はそのアドバンスマネー替わりである。といっても、自動車は値が張る。予算の乏しいこの状況で、費用を捻出することは難しかった。そして、そういう案件は決まって私のところにくる。とはいえ断れる話でもないので、どこか寄贈、あるいはせめて格安で分けてくれるメーカーはないかと、さもしい貧乏根性を働かせた。

大学の同じ学部で、横浜に殿内荘太郎という男がいた。麻雀卓を囲んだり、飲みに行って夜遅くなると、よく泊めてもらっていた。その殿内は、日産自動車の有力な協力会社を営んでいることを知っていた。私はすぐさま殿内に連絡し、事情を話して無心した。寄贈とまではいかなかったが、殿内のおかげで、破格の値段で中古の日産車一台と新車一台を手に入れた。

これだけの量を空輸するとなると莫大な費用がかかることから、船便でインドのカルカッタ（現コルカタ）に荷揚げし、トラックで陸路をネパールのキャラバン出発地点であるダランバザールに運び込むのである。例のアドバンス替わりの日産車は、隊員が運転してトラックの後をついていった。

私生活すらままならないほど忙しかった準備活動にも、ついに終止符が打たれる時がきた。我々の隊荷十一・五トンを積んだ貨物船『日光山丸』が、インドのカルカッタに向けて名古屋港の岸壁を静かに離れた。

時に一九六九年、十二月二十日のことである。

2台の日産車

カルカッタ〜ダランバザール道中

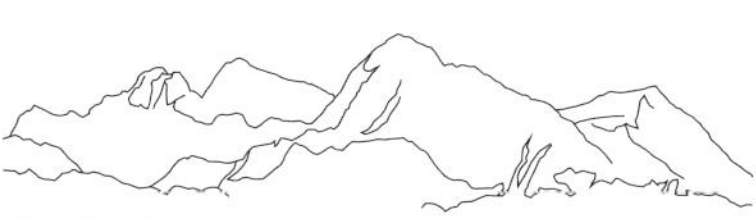

マカルー本隊、日本を発つ

一九七〇年の年が明けた。ようやく隊荷をカルカッタへ送り出し、私の担当の渉外（資金調達）の仕事もどうやら目途がつき、正月は久しぶりにのんびりと過ごせた。

一月十八日には早くも松浦さんと、隊員の尾崎祐一さんと後藤敏宏が、先発としてひと足先に日本を発った。松浦さんらの目的は、カルカッタに陸揚げされた隊荷の受け取りと、キャラバンの出発地点であるダランバザールへの陸路輸送である。

二月十四日、本隊の出発が決まる。カトマンズ入りもカルカッタ経由であるが、利用する航空会社にＪＡＬ（日本航空）便を使ってほしいと、本部から要請された。予算の乏しい我々としては、ＪＡＬは高いだろうからＡＩＣ（インド航空）を予定していた。要請の理由は、時の日本山岳会会長である松方三郎氏のご子息が、ＪＡＬの名古屋支店長だったからだ。せっかくの申し出に対し、学術班も加え三十名を超す大所帯なので、ディスカウントに期待して見積を取った。結果は、ＡＩＣよりも三割高であった。私はその結果を持ってＪＡＬ名古屋支店を訪れ、松方支店長にお詫びしつつ丁重に辞退した。

　ちなみにこの登山計画で渡航に利用したＡＩＣのチケットは、エンドース（他社乗り替え自由）であった。通常、こうした際の特別割引チケットは運行上のトラブルでもない限り、他社便への振り替えはできないものだが、遠征終了後はカトマンズで自由解散だったので、それぞれ好き勝手なルートと便で帰国した。私も川口と二人、観光気分でニューデリー、バンコック、香港を経由し、都度航空会社を乗り替えたので、少し後ろめたい気もした。

　それはともかく、先発隊が発って間もなく、現地の松浦さんから私に国際電話が入った。松浦さん直々の電話は、大体ろくなものではない。嫌な予感は的中した。松浦さん達の仕事は、隊荷の受け取りばかりではなく、カトマンズでの物資調達やシェルパ、ポーターの手配も含んでいた。要するに、現地での予算が五〇〇万円ほど足りないから、現金を持参せよというのである。ポーターの人件費の計算間違いだそうだ。

隊の預金通帳の残高では、あと二〇〇万円足りない。しかも間もなく我々も出発である。松浦さんには現在の台所事情を説明し、要求には応えられないと伝えた。だがどうしても五〇〇万円が必要となれば、私は父親に土下座してでも、残り二〇〇万円を工面しようと考えていた。

すると二、三日して松浦さんから、再度国際電話が入る。お金がないなら仕方ない、三〇〇万円でいいから、その替わりに全部米ドルで、しかも小額紙幣で持ってきてほしいという。ドルの少額紙幣とは何やら裏がありそうだったが、それでいいならと、貯金箱をひっくり返すように有り金はたいて全部小額ドル札に両替し、持参することにした。やれやれひと安心である。

一九七〇年二月十四日、AICのDC‐8機は、鋭い金属音を響かせて羽田空港を一路カルカッタに向けて飛び立った。かくして先発隊を除く十五名の隊員とともに、私は機上の人となる。ベルト着用のサインが消え、シートを倒すと静かに目を閉じた。

私は「本当に、ヒマラヤ行きの飛行機に乗っているんだ」「今まさにマカルー登

羽田空港に駐機するマカルー隊が利用した、AICのDC-8機

羽田空港の特別待合室で新聞記者の取材を受ける。右端から著者、熊沢総指揮、原登攀隊長ほか

山が実現したんだ」と、一人感慨に浸った。臥薪嘗胆、苦節八年である。裏方として準備に苦労した思いが、頭のなかをぐるぐると回る。

「……これで私の仕事は、終わった」

本来ならこれからが本番であるのだが、私の役目と立場から、日本出発に漕ぎつけた満足感と達成感で、これから先のことなどに考えが及ばなかった。私の中でのマカルーは、日本を出発した時点で、完了したのである。私は人目も憚らず、長い溜息をついた。

いささか大げさな感傷かもしれないが、すべてを犠牲にして、何が私をここまで突っ走らせたのであろうか。言うまでもなく、ヒマラヤに行きたかったからである。「だったらお前にとって、山は、ヒマラヤは、人生を投げ打ってでも行きたくなるほど魅力的な存在なのか」と自分に問いかけてみる。言い換えれば、そんなにしてまでも、人はなぜ山に登ろうとするのか、だ。

「人はなぜ山に登る」

このテーマは難しい。それは、山に登ることの価値観が、人それぞれで違うからである。エベレストに執念を燃やしたイギリスの登山家マロリーは、新聞記者の

「あなたは、どうしてそんなに何回もエベレストに挑戦するのか」との問いに対して「Because it's there.（そこに山＝エベレストがあるからだ）」と答えたという。名言として残っているが、本人はもっと単純に「エベレストに行きたいからだ。登りたいからだ」と言いたかったのだ。

苦しい思いをして、汗をかいて頂上に立った時の、あの爽快感と開放感。自然に触れる喜び。山の頂からの壮大な景色。どれもこれも山登りの楽しさであり、面白さであり、魅力であろう。

では、私個人を山に向かわせる最大の動機は何か。それは、達成感である。山登りは、厳しい自然との闘いである。それを克服した時の満足感や達成感は計り知れない。これは、経験した者にしか理解できないだろう。

テレビなどの映像で、ヒマラヤの頂で登山家が万歳をしているシーンが流れるが、実はあの瞬間、当人たちには喜びも嬉しさもない。それよりも、自分たちは果たして無事に下山できるだろうかという、不安のほうが先に立つのだ。帰路のことを思うと、恐怖心さえ湧く。さっさと頂を後にして、そして残りの全力を注いで、一刻も早く安全圏に戻ろうとする。これが、登山家の、人間としての本音なのだ。

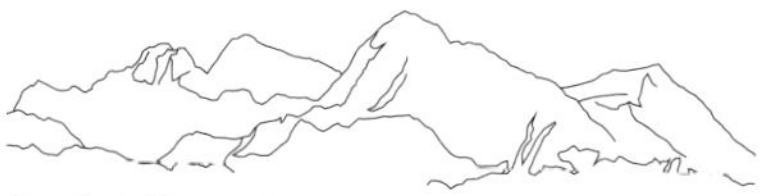

もし、頂上で本心から喜びを感じたのなら、それは余裕の登頂であり、裏返せば感動するほどの苦労などなかったことになる。登山とは、無事に下山できて初めて完了するのであり、頂上は全行程の中間地点に過ぎないのだ。

そうして死ぬような思いでようやく安全圏まで辿り着いた時、初めてアドレナリンがどっと体中を駆け巡り、『やった』という至福の達成感が脳細胞を刺激する。その過程が厳しければ厳しいほど、達成感も大きく、そして病みつきになるのだ。

それまでの困難や恐怖心は、喉もとを過ぎればすっかり陰をひそめる。すると次回は、もっと強いアドレナリンを体が求める。そして前回よりもさらに困難な山に、人は挑むのだ。これを繰り返しているうちに、命を落とす。これが、山登りが麻薬にも例えられる所以である。

誤解を恐れずに書けば、山登りとは死ぬほど面白いのであり、面白いほどあっけなく人が死ぬ世界でもある。私もこれまでに山で多くの仲間を失っているが、登山家の悲しい性《さが》だと言わなくてはならない。

私は『山登りの究極が死にある』などと、しかつめらしいことを言いたいのではない。人は、学問の世界でも、芸術でもスポーツでも、未知を探り、究極を求め、道を極めるのに心血を注ぐ。そして登山も自然の中で、自らの探求心を満足させ、困難に立ち向かい、課題を克服し、目的を達成していく。ここまでは一緒だが、山が少し違うのは、そこに命が懸かっているということだ。

気がつけば、窓の外は成層圏の暗いブルーに染まり、その中で陽は沈まんとしていた。いつの間にか微睡んでいた私は、機内のアナウンスで目が醒めた。客室乗務員の声は、間もなくのカルカッタ着陸を告げる。この目醒めは、これまでのことを全て忘れさせる、新たな挑戦への闘志を燃え立たせるエピローグだったのである。

その日の夕刻、飛行機はカルカッタのダムダム空港に到着した。私の両足は、インドの大地を踏んだのである。

インド亜大陸の熱い風　カルカッタとカトマンズ

インドというのは、とにかく暑い。そしてホテルに向かうバスから眺める夜の帳が下りたカルカッタ市内の光景は、まさに異様であった。道路の両脇には市民が外に寝台を持ち出して、ずらりと寝ているのである。家の中より、外の方が涼しいのだ。魚河岸に水揚げされたたくさんのマグロを連想させ、私には何となく薄気味悪く思えた。

ホテルに入ってから、ひと悶着あった。それぞれの部屋に荷物を運んできたポーターが、出て行かないのである。私の部屋でも、内扉の前で直立不動である。チップを要求しているのだが、隊員たちはインドルピーを持っていないので、払い様がないのだ。仕方なく私がホテルで両替し、それぞれにチップを配ってやった。なかなかしたたかなものである。止むを得ない。彼らは、それで食っているのだ。

ようやくバスタブに浸かり、旅の疲れを癒して床に就くのだが、今度は暑くて寝つかれない。エアコンをフル稼働させるが、さすがインド製、ガーガーとすさまじい音のわりに、ちっとも涼しくならなかった。

翌日、再び空路でカトマンズに入る。ここは日本の沖縄と同緯度だが、標高は一三〇〇メートルである。カルカッタとは打って変わって、この時季のカトマンズは、上着を着ていても寒いぐらいだ。そうした環境もあってか、古い木造の建物が連なる街並みは落ち着いていて、カルカッタのような喧噪や猥雑さは、まったく感じられなかった。同時に、ネパールの人たちの穏やかな気質にも、大いに好感を抱いた。

カトマンズは、およそ一〇〇万人が暮らすネパールの首都である。同時に、ヒマラヤ登山の玄関口でもある。その歴史は古く、中世にネワール文化が花開き、今も数多くの寺院がそのまま残されている。名所、旧跡が多く、旧市街を少し歩けば、古い町並みのそこかしこにそれらを見つけることができ、観光には事欠かない。そして活気のあるバザールは、多くの人が行き交い、たくさんの物で溢れ返っている。町全体がまるで時間から切り取られたかのような、日本では決して味わうことのできない、不思議な情緒に満ちていた。

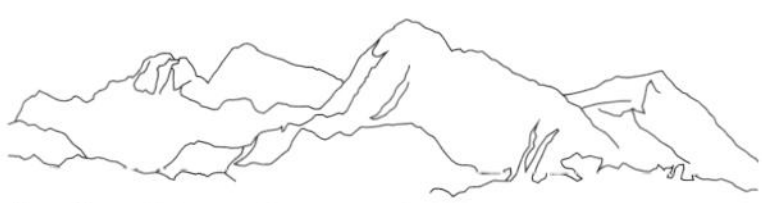

カトマンズの街並

カトマンズの市内のいたるところに露天商が並ぶ

この街を歩いていると、私はなぜか、安心感と心の安らぎを覚える。何度訪れても、また行きたくなる街だ。

そのカトマンズで先発の松浦さん、尾崎さん、後藤の三人の出迎えを受けた。宿泊先は二階建ての『スノービューホテル』で、日本語ならさしずめ雪見館であろう。ずいぶん洒落たネーミングだが、実際は築何十年も経過した愴然としたホテルで、貧乏登山隊にはお似合いである。

私はさっそく、依頼のあった小額ドル札を松浦さんに渡そうとしたが、彼は明日にしようと言う。そして翌日、私は松浦さんに連れられて、雪見館からタクシーでカトマンズの中心街に乗りつけた。

松浦さんは何やら周囲を警戒しながら、埃っぽい路地をどんどん奥へと進んでいく。民家や商店が雑多に並ぶ一角で歩みを止め、一軒の家に入ると、ギシギシと鳴る薄暗い階段を三階まで上がった。通された部屋には窓がなく、昼間なのに灯油のランプが灯り、胡散臭そうな男が二人、座っていた。私は思わずぎょっとして、ドルの入っているアタッシュケースを抱きしめた。刺されて金を奪われるのではと思ったが、どうやら松浦さんとはすでに顔見知りのようだ。

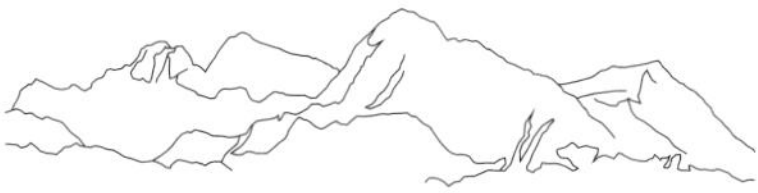

そこで、私にもやっと察しがついた。つまり闇ドルの交換買いである。ネパールは、外貨といえば隣国のインドルピーぐらいで、米ドルはとてつもなく貴重な存在だったのだ。もちろん、ネパールルピーと米ドルの公式レートは決まっているが、闇ではおよそ倍の相場だ。そして三〇〇万円分の米ドルを小額紙幣にしたのは、高額紙幣では目立ってしまい、当局に足がつく恐れがあるからだった。薄暗い部屋の中で、なけなしの三〇〇万円が、たちまち倍近い現地通貨に化ける。こうして作ったネパールルピーは、四〇〇人を超すポーターらの日当に充てられるのだ。明らかな法律違反だが、これが当時のネパール経済の実態である。それにしても松浦さんの悪知恵と度胸は、さすが原さんが見込んだだけのことはある。

カトマンズではキャラバンやBCで使う食糧などの買いつけを行う。私達は五日ほどカトマンズに滞在した。この間、本部エベレスト隊もカトマンズに滞在しており、街のあちこちで顔を合わせた。

そんなある日、エベレスト隊との交流会が催された。本部の支部に対する労いなのだろうが、私としては何度も本部に煮え湯を飲まされているので気乗りがしなかった。しかし、せっかくの誘いであり、会場も新築されたばかりの豪華ホテル『アンナプルナホテル』だ。しかも、エベレスト隊の宿舎でもあったので、きっと旨いものにありつけるだろうという、さもしい根性で出かけた。

そこは、同じ日本山岳会の本部と支部なので、会場には知人や友人がたくさんいる。そうした旧知の仲間との懇親である。旨い料理とアルコールも手伝って、交流会は盛り上がった。宴もたけなわになったころ、エベレスト隊の誰かが、歌でも歌おうと言い出した。

そこはまず東海支部が前座を務め、川口洋之介のギター伴奏で『ジグリー』とフランス国歌の『ラ・マルセイエーズ』の二曲を披露した。『川面霧立ち……』の歌い出しで知られるロシア民謡のジグリーは二部合唱で、練習の成果を見せつけた。

次はエベレスト隊の番なのだが、前座の我々の合唱に気おされてか、なかなか歌が出てこない。何やらボソボソ話し合っていて場をシラけさせる。挙句にやっと歌いはじめたのが、合唱には向かない民謡『安曇節』である。音はバラバラ、節も外れて聴くに耐えず、失笑を買った。私の溜飲は大いに下った。

後年、日大山岳部の会合で先輩の松田雄一さんと、一杯やりながら懐旧談に興じ

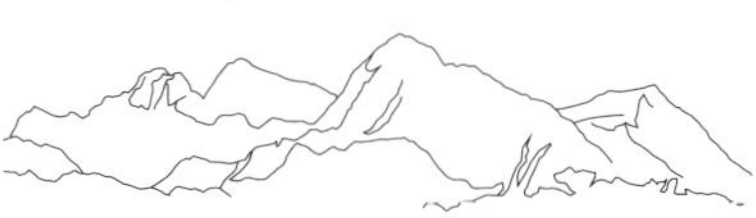

たことがあった。松田さんはエベレストの隊員でこの時のことをよく覚えていて、「いやあ、あの時は本当にびっくりしたよ。ハモったもんね」と、お褒めの言葉を賜った。その場にいた、同じくエベレスト隊員の神崎さんと嵯峨野にも同意を求めたが、全く覚えていないという。西洋音楽に疎い二人に聞くだけ野暮だったようだ。

キャラバン　遥かなるマカルーへの旅

二月二〇日、いよいよキャラバンに向けカトマンズを出発。まずネパール東端の国境の街、ビラトナガールまで国内便で飛ぶ。ビラトナガールからは、キャラバンの出発地点ダランバザールまで、陸路をジープで移動した。

ダランバザールには、すでに日本から運ばれた隊荷が集結していた。この日、隊員十九名、シェルパ、キッチンボーイ、メールランナーの二七名、それにリエゾンオフィサーであるネパール陸軍将校一名を加えた、総勢四七名が顔を揃えた。

翌々日、いよいよキャラバンが出発。カトマンズで調達した食糧も加え十二トンに達した隊荷が、四〇〇人を超すポーターと共に、マカルーのＢＣに向かって進み始める。総勢五〇〇人近い大キャラバンである。およそ一五〇キロメートルの行程を、二三日間の予定で移動するのだ。

ポーター一人あたりの担荷重量は、三〇キログラム以下と定められている。賃金

あわただしいキャラバンの準備。ダランバザールにて

は一人一日一〇ルピー（当時換算で三六〇円）で、これにネパール製タバコが二本プラスされる。彼らの食糧は自前で、通過する村々で賄う。

キャラバンのルートは、チベット国境に源を発するアルン川に沿って進み、途中からマカルーBCに向かってバルン川沿いに進む。このアルン川沿いの道は、東ネパールの幹線道路として『アルン街道』と呼ばれており、付近の住民や旅人にとっては重要な生活道路でもある。そしてキャラバンは、ナイケと呼ばれるポーター頭とシェルパが仕切ってくれるのだ。隊員にとってはBCまでの束の間の休息であり、のんびりとした田舎道の旅、今日で言うところのトレッキングである。

キャラバンの一日はこうだ。朝六時頃、キッチンボーイの「グッドモーニング、サーブ※(9)、ティー」の声で起こされる。差し出された熱い紅茶を、寝ぼけ眼でシュラフに半分入ったまま飲む。英国流だ。起き上がって洗顔、トイレを済ませると、隊荷の段ボールでこしらえた簡易の食卓で朝食だ。主食は現地食のチャパティで、要するに中身のないお好み焼きである。これにジャムやバターを塗って食べる。それに野菜サラダや目玉焼き、ハムやソーセージが並ぶ。飲物はコーヒーか紅茶だ。時折、日本から持参した日本食が出る。昼食はビスケット、煎餅、果物など。朝食が終わる頃にはテントがたたまれ、次のキャンプ地への移動準備が始まる。気の早いポーターはもう歩き出している。

隊員が背負うのは雨具や水筒、昼食、着替えぐらいで、いつもの日本の日帰り山行ぐらい。アルン街道はカトマンズに比べて標高が低く、結構暑いので傘を差す隊員もいる。一日にポーターが歩く距離は、十五キロメートル前後である。

生活道路なので、所々にバッティと呼ばれる、旅人相手の茶店兼宿屋がある。泊

※（9）サーブ　Sahiv
Sahivと記してサーブ。主人とか旦那を意味する。雇用したイギリス人との主従関係を現わした、シェルパ（語）の独特の言い回し。敬称。隊員をサーブ、隊長はバラ・サーブ

チャンを漉すバッティの女主人

街道に点在するバッティ

まったことのある知人によれば、ひと晩中ノミにたかられ、散々な目に遭ったらしい。昼食時にはこのバッティに入り、そこらにいるニワトリを潰してもらって焼き鳥にして食べたり、ネパール酒のチャンやロキシーを飲んだりして一日を歩く。

その横を次の泊地に向けて、キッチンボーイが鍋や窯を背負って足早に通り過ぎる。チャンは、ヒエ、米、とうもろこしなどを原料とした醸造酒で、現地農家の自家製どぶろくである。ロキシーはこのチャンを蒸留したもので、アルコール度数は五〇～六〇パーセントと高く、これらはどこのバッティにも置いてある。

飲み方は、瓶に入ったヒエなどの混じったチャンを、笊《ざる》で受けながら器に移す。まだ笊には、ヒエに付いているアルコール分が残っているので、上から水を注ぎながらヒエをグシャ、グシャと手でこねる。その漉した液体がチャンであり、そのまま飲むのである。バッティの婆さんの薄汚れた手がたちまち綺麗になるのには、思わず閉口した。ロキシーは、アルコール度数が高いので大概我々はお湯割りである。

次のキャンプ地にはのんびり歩いても三時頃には着く。すでにテントが張られていて、到着するとさっそく「サーブ、ティー」である。テントに入って昼寝をする者、本を読む者など、それぞれが夕飯前のひとときを過ごす。ところが、隊員の会

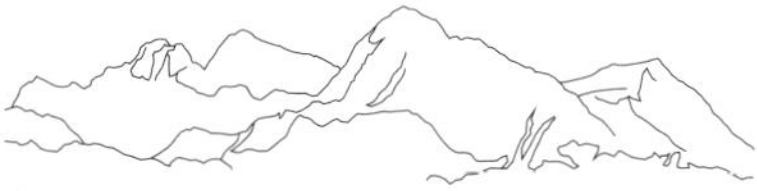

アルン川の支流サワコーラを渡る

計担当はそうはいかない。ポーターの賃金は日払いで、足の早いポーターは昼頃には到着してしまっている。賃金は運んだ荷物と交換なので、会計係の吉原はのんびりキャラバンを楽しむ暇はなかった。

アルン川の支流サワコーラ（サワ川）を対岸に渡る。標高こそ高いが、乾燥した大地には陽光が容赦なくじりじりと照りつける。モンスーンが到来する前なので、サワ川の深さは膝ぐらいだろうか。靴を脱いでぞろぞろと渡ったが、ヒマラヤから流れ出る水は澄んで綺麗だった。渡ったついでにパンツ一丁になって、我々は水浴びを楽しんだ。

夕食は決して豪華ではないが、毎回キッチンと食糧係が苦心して作った料理が並ぶ。時々シェルパを加えて酒宴を催した。シェルパはみな、大酒飲みで大飯喰いである。日本から持参したウイスキーやビールは、たちまち底をついてしまうので、もっぱら現地調達のロキシーである。シェルパ達は酔って気分が良くなると、焚火を囲んでシェルパダンスに興じる。我々も一緒に肩を組んで踊る。シェルパとの酒宴は、お互いコミュニケーションを図る上で重要な場になった。

こうしてキャラバンの一日は終わるが、行程が進むにつれ山は深くなり、キャラバンも厳しいものとなっていった。


ここで、日本ではあまり馴染みのないシェルパやポーターたちについて、もう少し触れておこう。

シェルパは、ネパールの高地に居住する少数民族である。祖先は、ヒマラヤを越えて移住してきたチベット系である。二〇世紀に入ると、主にイギリス人がヒマラヤの探検や登山にやってくるようになる。彼らは屈強なシェルパ族に目を付け、人

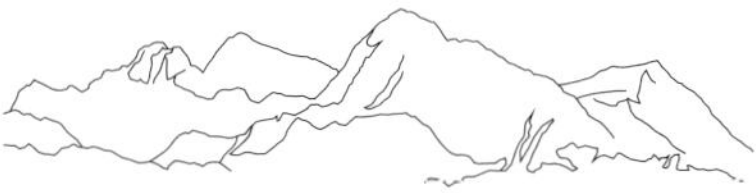

『シェルパダンス』に興じるシェルパたち

夫として雇った。高所にも強いことから登山技術も習得して、ヒマラヤなどの雪や氷の中でも活躍するようになる。ヒマラヤ登山の隆盛にともない高所人夫としての需要が高まり、現在でもヒマラヤ登山には欠かせない存在となった。

一方で、平地で荷物を担ぐ人夫を英語でローカルポーターと呼び、高所（雪線以上）ではハイポーターと呼んで区別している。シェルパは、ハイポーターの代名詞である。シェルパとの会話は英語であるが、これはシェルパをハイポーターとして最初に雇ったのがイギリス人だったからである。マカルー隊の場合、キッチンボーイ、メールランナーも含め、シェルパを二七名雇っている。登山隊の隊長と同様に、シェルパにもサーダーと呼ばれるシェルパ頭がいる。我が隊のサーダーは、ターメ村出身のミンマ・ツェリンである。ちなみにシェルパには似た名前が多いので、区別するのに出身地（村）を用いたりする。

日当は、ポーターのおよそ二倍である。ただし、期間中の衣（装備）、食（食事、食糧）、住（テント）は、すべて登山隊持ちである。丸々日当が残るので、いい商売である。彼らは酒のほかに大の博打好きであり、暇さえあればキャラバンでもBCでも、サイコロ賭博に興じていた。

次は、隊荷を運んでくれるポーターについてである。彼らは、ほとんどが街道沿いの農村から集まってくる農民である。現金収入が少ないことから、ポーターは臨時に日銭が稼げるため大人気の仕事である。中には、噂を聞きつけて近在の部落から二日がかりでかけつけて応募してくる者もいる。

我々のマカルー隊に、一家総出のポーターがいた。総出といっても、若い夫婦が小さな男の子を連れた一家であった。子供は六〜七歳ぐらいで、くりくり坊主で大

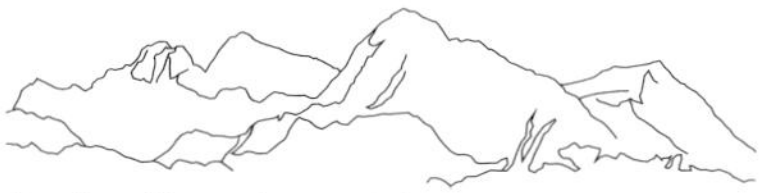

きな目をした可愛い男の子であった。道中、父親と母親の前後をちょろちょろ歩く姿は、大変可愛らしい。いつの間にか隊員とも仲よくなって、特に中世古さんは、名古屋に同世代の一人息子を置いてきているので一番可愛がっていた。

ネパール語で小さな子供のことを『カンチャ』という。我々はその子に『カンチャン』というニックネームを付けた。カンチャンは、昼間はずっと隊員たちと行動を共にするようになった。隊のアイドルである。

キャラバンが行程の都合で、早く泊地に着いたことがあった。中世古さんと芦谷洋子の女性隊員は、カンチャンを近くの谷川に連れて行って、全身を石鹸できれいに洗ってやった。ピカピカに磨かれた、少し恥ずかしそうにしたカンチャンが我々の前に現れた。彼も嬉しそうであった。

翌朝、我々が朝食を食べていると、そこへナイケと一人のシェルパが、カンチャンの両親を連れて現れた。両親はすごい形相で怒っている。聞いてみると、子供が昨夜から熱を出して青い顔をしているというのだ。

マカルー隊には医者が二人いる。原さんと、三重大の医学生の橋本篤である。二人がカンチャンのもとにかけつけて診察すると、軽い感冒であった。解熱剤を注

キャラバンの泊地に、ものめずらしいのか、近くの農民が見物に現われる

射して、万一を考えて抗生物質を与える。原因は、全身を冷たい谷川の水に晒したせいである。大事に至らなかったが、ネパールの農村には風呂に入る習慣がないため、慣れない体に冷たい水は、堪えたのである。それ以後、両親に止められたのか、カンチャンは我々に近づかなくなった。本人は来たくて仕方なさそうなので、余計にいじらしくなった。

この親子ポーター、予定の日数を稼いだのか、その数日後に隊を離れていった。

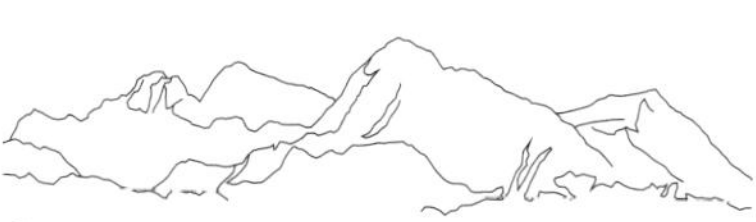

シプトン峠　キャラバンの難渋と逞しいポーターたち

キャラバンは次第に山奥へと進み、道がだんだん険しくなる。バルン川の支流の一つを渡る場所に差しかかった。このあたりまでくると谷は深く、激しい流れが水しぶきを上げていた。川幅は一〇メートルに満たないが、そこには蔦と竹で編んだみすぼらしい吊り橋がかけられていて、橋の全長は三〇メートルほどだろうか。恐ろしく簡素な作りで、踏板の替わりに縦に渡された木の幹の上を歩くと、足元からゆらゆらと揺れた。

こんな頼りない吊り橋を、一度に大勢の人間が渡るのは危険と判断し、半日かけて隊員が、ナイロンロープを幾重にも張って補強した。このころになるとポーターの集まりが悪く、キャラバンは二隊に分けられていた。

前日に補強しておいた吊り橋を、朝から渡り始める。すると、水を極端に怖がるポーターたちが、我先にと橋に群がる。あわてて隊員が止めに入り、一人ずつ五

濁流にかけられた、ツタと竹であんだ吊り橋。大人数で渡るには危険である

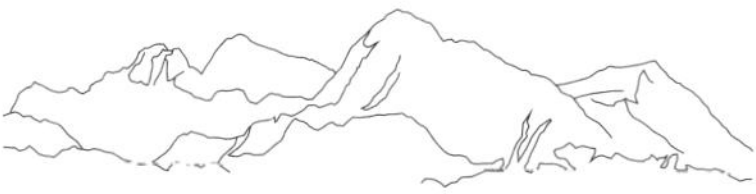

メートルほどの間隔で吊り橋を渡らせた。およそ三〇〇人のポーターを渡らせるのにほぼ一日を要した。その日の行程は、ほんの僅かであった。

キャラバンをスタートさせてから、すでに二週間が経った。我々はいよいよ、困難が予想されるシプトン峠に差しかかった。峠は、ツル・ラとケケ・ラという二つの峠からなっていて、標高はいずれも四二〇〇メートルである。ちなみに『ラ』とは、ネパール語で峠を意味する。雪に覆われていることは必定で、遠くから見ても峠のあたりが真っ白で、それは容易に想像できた。

ポーターは、普段裸足である。少々の雪なら平気であるが、少なくとも二日間の雪中歩行は覚悟しなくてはならない。このことは予め予想できていたので、その場で雪の状態を見て判断することにしていたが、やはり裸足での峠越えは無理だと判断された。そこで運動靴を買うため、近在の街にシェルパを走らせることになった。まず届いた運動靴を、靴を持っていない一〇〇名ほどのポーターに貸与し、持っている者およそ五〇名を加えた、一五〇名の第一陣で峠越えに向かうことになった。残りは順次、靴が届いてから出発することとした。

第一陣の一日目は、峠に至る道の途中にある、雪のない森林帯に泊まる。しかし二日目は、出発するとすぐ雪道になった。雪はだんだん深くなり、膝ぐらいまで没するようになる。隊員が交替でラッセルしてルートを作る。その日は、峠の直下にあたる森林限界あたりで雪の中のキャンプとなった。

ところがこの頃から雪が降りだし、吹雪になる。隊員やシェルパはテントがあるからいいが、ポーターは身一つである。彼らの身を案じて、ありったけのブルーシートを貸してやる。そのブルーシートを被りながら、彼らは隊荷のカートンボックスの上にひと塊になって身を寄せ合う。吹雪は次の日も続いた。前進できる状態ではない。ポーターの中には、体の不調を訴える者が出だした。風邪の症状である。恐らく食事も満足に摂っていないのであろう。

ポーターたちの身に危険が迫っていることは明らかである。いったん吹雪が小止みになったチャンスを見計らって、運んできた荷物はその場にデポ（仮置きすること）して、元のキャンプ地に退却することにした。マカルー登頂どころか、BCを前にしてキャラバンは止まってしまったのである。

吹雪は二日間続いた。この間に我々は、どうやって峠を越すかを討議した。キャラバンルートを別に取るか。そうすると大回りになり日数がさらに延びる。ポー

キャラバンを悩ませた苦難のシプトン峠越え

ターの中には、怖じ気づいて帰りたがっている者も出ている。このままの日当では嫌だと、峠越えの賃上げを要求する声が上がる。靴の到着も遅れているが、三〇〇足を超える運動靴がこんな山奥でそう簡単には調達できないので、遠くの大きな街まで買い出しに走らせている。ポーターも絶対数が不足している。問題続出である。

　このままでは峠が越えられず、越えたとしても雪の融けるのを待ってからになるので、大幅にＢＣ入りが遅れるだろう。そうなると登山期間に影響が及び、登頂の時期を失いかねないのではと私は思った。タイムオーバーによる撤退が、現実味を帯びる。誰も口に出さなかったが、みんなも私と同じ思いだったに違いない。

　四日間続いた悪天候がやっと収まり、快晴となった。ポーターとの賃上げ交渉も、峠越え二割増し、停滞日も日当を付けることでようやく妥結した。こんな状況では止むを得ない。動いてくれるだけでもありがたい。また食糧の切れたポーターには、隊の一部を分け与えた。こうした措置でポーターたちも落ち着き、第一陣の峠越えに再びチャレンジできる態勢が整った。

　天気はその後、快晴が続いた。隊荷は、取りあえず上げられるところまで上げ

雪のシプトン峠

女ポーターも雪上を裸足で働く

る。行けるところまで行ってデポする。いったん峠を空身で越して、翌日それを回収しに戻るという方法を採った。それを何回も繰り返し、大部分の隊荷が峠を越すのに、実に八日間を要している。

　雪が隊を窮地に追い込んだシプトン峠だったが、峠を越えてもなお、しばらくは残雪が行く手を阻んだ。すでに予定は、一週間の遅れが出ていた。我々は一刻も早くBCの設営に入り、登山活動を開始しなければならなかった。

　ところでこの峠越えでは、自然の厳しさとともに、随行するポーターたちの逞しさも同時に見せつけられた。

　彼らのなかに、雪道を裸足で歩いている者が何人もいた。「せっかく運動靴を買い与えてやったのに何だ、要らなかったら初めからそう言え」と、腹立たしくなった。彼らはその新品の運動靴を、荷物の上にくくりつけて歩いているのだ。いくら足が丈夫だからといっても、やはり雪の中はさすがに冷たいのか、かなり辛そうにしかめっ面をして歩いている。「だったら靴はけよ」と思った。

　私は彼らの一人をつかまえて、シェルパを通じて、どうして靴を履かないのか尋ねてみた。すると彼は、靴は土産だといって嬉しそうな顔をした。稼いだポーター賃とともに、家で待っている妻子に土産として渡してやるのだ。靴を履いたこともほとんどない彼らにとって、新品の運動靴は宝物に値するのであろう。きっと妻子を大喜びさせたいのだろう。それを思うと、私の胸に急に熱いものがこみ上げてきて、さっきまでの感情は消え去り、己を恥じた。今でも、あの時のポーターのはにかんだ顔が脳裏に焼きついている。

ところでポーターの足が丈夫なことは今も触れたが、キャラバンの道中でこんなことがあった。ある日、ナイケに連れられて四〇〜五〇代とおぼしき一人のポーターが、私のところにやってきた。彼は辛そうな顔で足を引きずっている。見れば足首のあたりが、異常に赤く腫れ上がっていた。素人目にも、ひどく化膿しているのが分かる。治療してほしいのだ。私はすぐに原さんを呼んだ。診察を横で見ていたが、頑丈そうな彼のくるぶしに、太い木の枝がトゲのように刺さっていて、その頭が飛び出していた。

原さんは何も言わず、少し出ている小枝の頭を鑷子《せっし》（ピンセット）で挟むと、勢いよく引き抜いた。ポーターは思わず顔をしかめ、同時に赤黒い血の交じった膿がビュッと勢いよく噴き出した。私は思わず目を逸らす。小枝は太く、長さも三センチはあっただろう。こんな物が突き刺さって膿んでいる状態で、重い荷物を背負って歩く彼らの人間離れした逞しさに、私は感心した。

原さんは、私に「尾上、しっかり足押さえてろ」と声をかけた。ポーターの足を押さえる。すると原さんは、小枝の抜けたその穴に、ヨードチンキをどぼどぼに浸したガーゼを鑷子で奥まで押し込んだ。そしてそのガーゼを、ごしごしと抜き差しするのである。さすがのポーターもギャーと大声を発し、足をばたつかせた。慌てた私は、力いっぱい足を押さえる。ガーゼを取り替えて、これを三回もやる。その都度ポーターは悲鳴を上げたが、後は傷口に化膿止めを塗って包帯を巻いた。

ずっと気になっていたので、私は治療している間に彼の足の裏をじっくり観察した。あちこちささくれ立ってひび割れているが、それはあたかも靴底のように堅くゴツゴツしていて、まるで木の板を打ち付けたようである。正月の松の内の明けた後の鏡餅を想起させる。道理で、岩の上や雪道でも平気なわけだ。裸足も習慣となると、足の裏がこんなに凄くなるものだと感心した。

翌日、そのポーターは少し足を引きずっていたが、顔色もよく元気に歩いていた。私がジェスチャーを交えて治療した足を気にかけると、彼は目を細めて嬉しそうに頷いた。

難所のシプトン峠をどうにか制し、キャラバンは最終局面を迎えた。いよいよ、BCの設営である。

まず先発隊が組まれる。原さんは私をリーダーとして、生田、長谷川、それにシェルパ一名とポーター数名を加えたチームを編成。BCに適した場所の選定を命じた。これは重要な仕事である。BCではおよそ二ヶ月を過ごすのである。見晴らしのいい広い台地、水場が近く、雪のない草地が一番いい。本体が到着する前にあらかじめ適した場所を定めておかないと、ぶっつけ本番では、大混乱を起こしかねないからである。

三月二二日、私の率いる先発隊はマカルーの麓、標高四七〇〇メートルのバルン谷の源頭近く、バルンポカリ（池）から少し上った台地に着いた。ここだけ雪が消えていて、実に快適な台地である。我々はここをBCと定めた。到着した日はあいにくの曇り空で、本来なら真正面に姿を現すマカルー峰の雄姿を、私は見ることができなかった。

そして翌朝。私はテントから、快晴の空のもとへ飛び出す。抜けるような青空の向こう、どっしりと構えた巨大なマカルーが、そこにあった。空の青と雪の白、そして鈍く光る岩肌のコントラストが美しく、神々しい。私は、そのあまりにも壮大かつ圧倒的な存在感で迫るマカルーの姿に、かつてない衝撃を覚えた。

「……こんなところは、登れない。いや、登ってはいけないのだ」

正直なところ、私がマカルーと初めて対面して感じたのは、敗北感ではなく、禁じられた聖域を侵そうとしている罪悪感のようなものだった。

眼前にそびえる八四六三メートルの頂は、かすかに白雲をたなびかせて天を衝く。正面に見る西壁は峻険な岩の鎧をまとい、鋭いバットレス（胸壁）となって三五〇〇メートルを一気に切れ落ちている。そして、頂から東に鋭く伸びる美しいコンタクトラインが、我々が挑む南東稜である。その南東稜に突き上げるアイスフォールが、まるで人を拒むかのように、朝の光を青黒く不気味に反射していた。

ヒマラヤとは、サンスクリット語で『雪の棲処』を意味する。そしてヒマラヤの民は、その頂を『神々の玉座』と呼んでいる。ここは、神宿す人智を超えた領域な

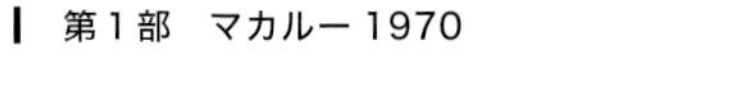

のだ。わずかな知恵と道具をそろえただけの我々など、ちっぽけで不遜な侵入者に過ぎないのだ。

私は雷に打たれたように身動きができず、長い間、その堂々たる威容を呆然と見つめていた。

その翌日、本隊がＢＣに到着した。いよいよ、巨峰マカルーと対峙する時が来たのだ。


著者がBCから初めて目にした神々しいマカルー

登攀開始　ルート開拓と私の挫折

いよいよマカルーに相対して、バルンポカリの台地に陣を敷いた我々だった。予定の行程から七日間遅れのBC入りである。のんびりと休んでいる余裕はない。さっそく、翌日から登攀活動を開始した。まずは南東稜のサウスコルに突き上げる、あの青黒いアイスフォールのルート偵察である。昨年の調査隊がコルまで到達しているので、そのルートはほぼ変わらない。

C（キャンプ）1が建設され、C2へルート偵察に向かっている時のことである。『バスッ』という鈍い大きな音がしたので、BCにいた隊員たちがテントを飛び出す。はるか頭上の山肌に大きく突き出していた氷河の先端が、崩れ落ちたのだ。落下した氷は、氷河雪崩となってC2へのルートを塞いだ。しかも落下地点は、まさに偵察チームが通っている場所のはずだ。慌てて双眼鏡で覗くと、すでに遠く離れた場所に三人の姿を確認し、ほっとした。ただちにルートが変更されたの

今にも崩れ落ちそうなアイスビルディングの中をいく

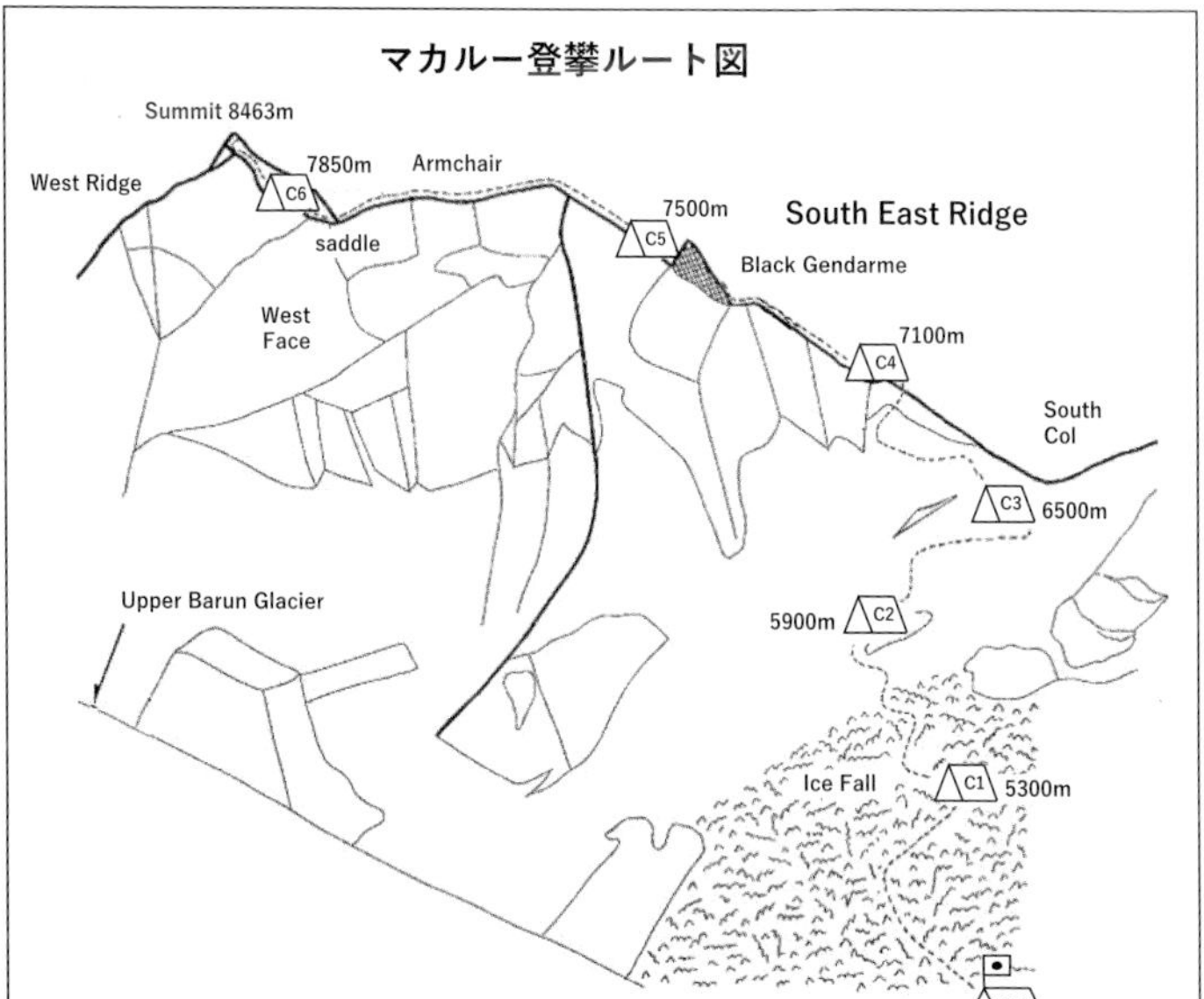

は言うまでもない。

　そそり立つ迷路のようなアイスフォールの中にＣ２が建設され、続いてＣ３も建設される。Ｃ３は、南東稜のサウスコルの直下六五〇〇メートルの地点である。ここまでわずか九日という驚異的なスピードで、キャラバンの遅れを一気に取り戻した。このあまりに快調なペースに我々は強気になり、隊員らの間では四月中の登頂が見えてきた、などという楽観論まで交わされた。

　ところが、そう簡単に問屋は卸してくれない。なにしろここは、ヒマラヤなのだ。にわかにＣ４建設にブレーキがかかる。悪天候の周期に入ったのと、隊員たちに高度障害が出はじめたのだ。いわゆる高山病である。これは先にも述べたが、高度障害とはひと言でいえば、空気密度の低下による酸素不足が人体に及ぼす悪影響のことである。めまいや頭痛、吐き気などの症状が現れ、重篤に陥ると肺水腫や脳浮腫を引き起こし、最悪の場合は死に至る。これには個人差があって、弱い人は富士山の頂上でもやられるのだ。

　登山においては、徐々に体を高度に慣らすことによって、高山病の症状を抑えることができる。これを順化あるいは順応というが、登山活動を大きく左右する重要

迷路のようなアイスフォールに
ルートを探る（C1～C2）

なプログラムとなる。我々は四七〇〇メートルのBCまでは全員順化しているが、C3の六五〇〇メートルはまだ順化途中で、その状況下でのキャンプ建設であった。

これまでの快調なペースがむしろ仇となった。ほとんどの隊員は順化が追いつかず、次々と体の不調を訴えてBCに下ってきた。入れ替わり立ち替わる隊員に、BCはさながら野戦病院と化していた。初めてC3入りした隊員の後藤は、足腰が立たなくなるほどの酷い高度障害にやられた。一人では歩けず、途中からはシェルパに背負われてBCに担ぎ込まれた。

高度障害の唯一の対症療法は、一刻も早く、酸素の濃いBCに下ろすことである。後藤の場合を例にとると、最初はあれほど酷い高度障害にやられたが、一週間ほどBCで静養すると、すっかり回復し現場に復帰できた。しかもその後の彼は、標高がさらに上がってもうまく順化できていったのか、最後は頂上付近まで酸素ボンベなしで行動できている。

こんな時に、シェルパとの間でちょっとしたトラブルが発生した。それは隊員とシェルパの装備の違いによる、シェルパ側からのクレームである。問題はセーター

C4からC5へ向う

の違いで、隊員とシェルパと区別するために、若干毛糸の太さや色の違うセーターを支給した。彼らには隊員のセーターのほうが、暖かそうに見えたのであろうか。レギュレーションには、隊員とシェルパの装備は、同一品でなければならないと記されている。そこを突いてきたのだ。

こうなると、いわば労使間の団体交渉の様相を呈してくる。隊側は原さんと装備担当者、シェルパ側はサーダーのミンマ・ツェリンとシェルパのアン・ノルブで、その間に入るのがリエゾンオフィサーのタクール少尉（ネパール陸軍）である。ちなみにリエゾンオフィサーとは、現地で起きる様々なトラブルの調整役であり、監視役でもある。登山隊と全行程をともにする。

このアン・ノルブというシェルパが曲者であった。シェルパとしては優秀であったが、どことなく影があり、暗い感じがした。どうやらサーダーの腹心のようだ。サーダーは短気ですぐ吠える。その後ろでアン・ノルブが助言し、サーダーが言葉につまると自ら口を挟んでくる。

何のことはない。つまるところ彼らはいちゃもんをつけて、装備の差を金で解決してほしいのだ。これは彼らの常套手段で、登山隊の中には賃上げストまでやられているものもいる。しかしそこはさすが原さん、「それならセーターを交換してやる」と要求を突っぱねた。そこで本当に交換することになったが、全く差はないもののシェルパが二週間近く着ていたので、染みついた臭いには閉口した。彼らもさすがに悪いと思ったのか、一度交換したセーターはすぐに戻った。それ以降、シェルパからの要求は一切なくなった。

私も期待されている隊員の一人である。他の隊員たちと同様、ルートの偵察、開拓、キャンプの建設と一人前に働く。ローテーションで六五〇〇メートルのＣ３に上がり、Ｃ４のルート開拓に向かうことになった。

ところがいざＣ３に到着した途端、私は激しい頭痛と吐き気に襲われた。典型的な高度障害である。こうなるともう食欲どころではない。シュラフにもぐり込んで、そのまますっかり寝込んでしまった。翌朝目が覚めると実にすっきりしていて、この爽やかな目覚めは、ひと晩で六五〇〇メートルに完全に順化できた証拠である。私は、高度に強い体質なのだろうとの自信を持った。昨日、夕食を食べられなかっただけに食欲もあり、朝食は人一倍食べて、Ｃ４へのルート開拓に張り切っ

て出た。

相棒は越山である。天気は良くない。吹雪ではないが雪がちらつき、ガスも出ていて、ルートの先が良く見えない。気温はかなり低下していた。私は一抹の不安を覚えたものの、先へ進むことにした。

ところがしばらくして、それまで何ともなかった私の右手が、急に冷たくなるのを感じた。そしてその冷えはだんだん酷くなり、ピッケルを握るのも辛くなってく

Ｃ１～Ｃ２間の氷壁を攀じる著者

る。さらに、右足も冷たくなっていく感じがした。天候もガスが濃くなり吹雪模様になってきた。これ以上は無理と判断し、越山に帰るぞと言って踵を返した。Ｃ３に戻ってテントに入ると嘘のように冷たさは消えたが、念のためこのことを、医師である原さんにトランシーバーで報告した。すると原さんから、ただちにＢＣに下りることを命じられた。

　私はＢＣで原さんの診察を受けた。原さんの診断は手足の末梢の低温症で、低温は当然としても、このまま低酸素状態が続けば、症状はさらに悪化するという。標高が上がれば上がるほど気温は低くなるし、酸素も薄くなる。もっと手足の冷えは酷くなる。行動する体にとっては絶望的である。

　この診断結果は事実上、私にドクターストップがかかったのと同じである。

　私だって、マカルーの頂上に立つつもりで参加している。これまでの準備だけでなく、現地でも隊員としてそれなりに期待されてきている。技術や知識のみならず、経験も情熱も体力も、他の隊員に負けない自信がある。出発に際しては、出征兵士よろしく日の丸の寄せ書きをもらったし、名古屋駅のホームで大勢の歓呼に包まれて送り出されている。しかし過酷な登山においては、誰かに無理をさせて万が一の

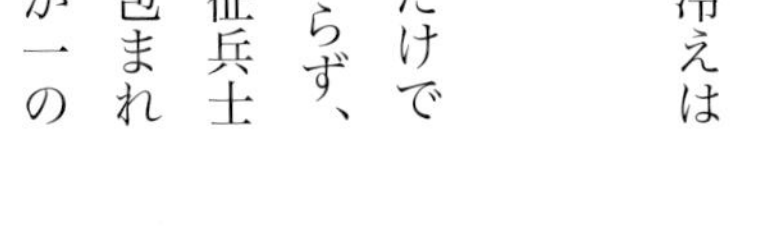

ことがあれば、当人だけでなくチーム全体を生命の危険に晒すことになるのだ。最前線からの早々の離脱は、とても辛かったし悔しかったたし、情けなかった。第一、日本で私の活躍を期待してくれている人達に対して、申し訳ない思いでいっぱいである。でも、体調不良は、いたしかたない。私は以後、活動の拠点をＢＣに移し、後方支援に回った。ＢＣでの仕事は、松浦さんの荷上げ管理のサポートである。重要な任務であり、毎日が忙しかった。

これは帰国後の後日談である。私はマカルーでの発症について、原さんの紹介で専門医の診察を受けた。手はたいしたことはなかったが、右足に血栓性静脈炎という診断が下る。このまま放置すると、最悪の場合、右膝下切断の可能性も出てくるという。治療法は、腹部交感神経のブロック手術であり、ただちに入院してこの手術を受けた。手術は成功し、術後の回復も早かったが、足に爆弾を抱えたことで、私の第一線クライマーとしての活動は終止符を打たねばならなくなった。夏山登山や残雪期の雪山程度なら問題はないが、厳冬の雪山、まして海外登山は、もはや望むべくもなくなったのである。

高度との闘い　ＢＣも苦悩の連続

さて、Ｃ４の建設に手間取っている間に、ＢＣでも大問題が発生していた。燃料のプロパンガスについてである。マカルー隊は、キャラバンを除きＢＣも含めて、燃料のすべてをプロパンガスで賄うことにしていた。ところが、まだ日程の三分の一も終わっていないのに、プロパンガスの異常な減り具合に気づいたのである。このままの使用量を続けると、計画日程の三分の二で使い切る計算になる。これは隊の死活問題だった。一大事である。

ＢＣでは即座にプロパンガスの使用を中止し、薪に切り替える。幸いＢＣから半日ほど下りた森林地帯から十分な量の薪が供給できた。キッチンボーイの毎日の業務に、新たに薪運びが加わった。ガスはＢＣでの使用量が最大だったので、それを回せば何とか足りそうだ。しかし、まだ不安は残った。そしてその不安は、後日現実のものになっていくのである。

そもそもの原因は、根本的な使用量の計算間違いであった。さらにその便利さから、つい使い過ぎてしまう我々の甘えも一因だった。いずれにしろ、燃料担当の大きなミスである。気がつくのがもう少し遅れていたら、取り返しのつかない状況になっており、肝を冷やした。それこそ燃料切れで撤退など、お笑い種どころか、とんだ大恥をかくところだ。これをもって、全キャンプにプロパンガスの節約が下令された。

実はC4のルート工作中に、C3でこのプロパンガスに起因する事件が起きた。シェルパ頭のミンマ・ツェリンと越山隊員との大喧嘩で、我々はこれを『バカヤロー事件』と呼んだ。

話のくだりは越山、生田、橋本の三隊員が、休養のためにC3からBCに下りる朝に始まる。発端は、喉が渇いた生田が近くにいたシェルパに、水を造るように頼んだ。するとそのシェルパは「越山サーブがプロパンガスを使うなと言った。BCに下りれば水はいくらでもある」と水造りを拒んだ。これを聞いた越山は「節約せよとは言ったが、使うなとは言っていない。つべこべ言わずに水を造れ」と叱咤した。すると同じC3にいたサーダーのミンマ・ツェリンが、隣のテントから「俺達はコックじゃない。水は造らなくていい」とやり返した。そうして言い争いをするうち、頭にきた越山は水造りを拒んだシェルパの襟首を掴んで「バカヤロー、なめるなよ、外に出て決闘だ」と怒鳴った。それを聞いたミンマ・ツェリンも「バカヤローとは何だ。お前なんか殺してやる」と怒鳴り返した。結局、喧嘩はそれ以上には進展しなかったが、険悪な空気のまま三人はＢＣに下った。

怒ったミンマ・ツェリンは、事の顚末をトランシーバーでＢＣの原さんに報告。越山が今後ＢＣから上がってくるなら、シェルパは全員山を降りると息巻いた。ミンマ・ツェリンは、越山がシェルパの襟首を掴んだことと、『バカヤロー』に怒っていた。ネパールでは襟首を掴むのは、人を畜生扱いすることなんだそうである。またこの言葉が、相手への罵倒であることも知っていた。過去に幾度も日本隊のシェルパとして働いていたから、その意味を知っていたのである。原さんは話し合いで解決するしかないと考え、ミンマ・ツェリンにＢＣに下りるように要請した。

ＢＣで原さんと松浦さん、ミンマ・ツェリンに、リエゾンオフィサーのタクール少尉を交えた話し合いが始まる。こうした席に酒は欠かせない。日本から持参したウイスキーを傍らに、ミンマ・ツェリンから話を聞いた。協議の結果、これは越山

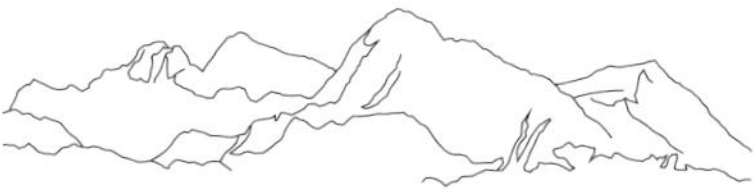

に非があるとされ、彼は不満であったが、ミンマ・ツェリンに詫びて事は収まった。日本語の「バカヤロー」は、その場のシチュエーションによって様々に使い分けられることは、日本人ならば誰でも分かる。ところがミンマ・ツェリンには、そうした微妙なニュアンスの違いまで理解できなかったのである。過剰に反応したといってよいだろう。

そうしたドタバタを乗り切るうちに、ようやく天候も回復。隊員の順化もどうやら順調に進み、苦労の末にやっとC4が設営された。C3の建設から二十四日もかかっており、C3までに稼いだ日数をあっという間に消費してしまった。

BCでは松浦さんがキャンプを一歩も出ずに、上部への荷揚げの管理を一身に負っていた。各キャンプ間の行動を睨みながら、遅滞なく物資を上げるのは大変な作業である。それを松浦さんは、カードを使って巧みに管理した。荷上げは、一人を張り付けにしなければならないほど、重要な役割である。そこに途中から私がサポートに加わった。

薪の使用で一度は解決したかに思えた燃料も、相変わらず全体でのプロパンガスの消費量が多く、行程の遅れも手伝って、予断を許さない状況になっていた。そうした不安から再度燃料を計算したところ、どう考えても一週間分ほど足りないことが判明したのである。これが確保できないと、燃料切れで抜き差しならなくなる。どうしよう。いくら考えても良い知恵が浮かばなかった。

各キャンプの標高と建設日

登攀活動開始	(4,700m)	3月25日			
↓	600m	3日	8日		60日
C.1 建設	(5,300m)	3月27日			
↓	600m	3日			
C.2 建設	(5,900m)	3月30日			
↓	600m	2日			
C.3 建設	(6,500m)	4月1日			
↓	700m	23日		47日	
C.4 建設	(7,200m)	4月24日			
↓	600m	17日			
C.5 建設	(7,800m)	5月11日			
↓		4日			
C.5′ 建設	(7,600m)	5月15日			
↓	350m	3日			
C.6 建設	(7,950m)	5月18日			
↓	531m	5日			
頂上	(8,481m)	5月23日			
↓		3日			
B.C.下山	(4,700m)	5月26日			

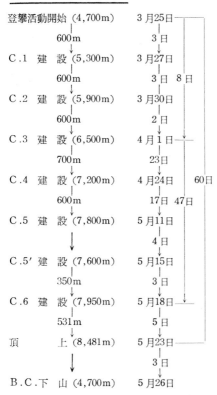

私は松浦さんに「水平思考しましょう」と持ちかけた。『水平思考』とは、当時日本でベストセラーになった、イギリスのデボノという学者が提案した問題解決法である。私も読んだが、要するに既成概念にこだわっていてはブレイクスルーを得られないというもので、課題解決へ向けた思考法が記されている。

私は冗談半分で、水平思考だから水平になりましょうと、隊荷の段ボールのイスの上に仰向けになった。松浦さんも苦笑いをしながらしぶしぶ同じく仰向けになる。

すべての概念を捨てろということなので、この際だからと大真面目に、この世の中で燃料には何があるかから考えてみた。電気、ガス、石油、原子力、木、炭……。次にこれらの中で、いまここで手に入るものを考えると、石油（ケロシン）と薪しかない。しかし、ケロシンを街まで買いに走ると往復で十日以上かかるので、とても間に合わない。

もうこうなったら、今ある薪を使うしかないじゃあないか。私は、比較的標高の低いC１とC２でなら薪を使えないかと考え、松浦さんにそう提案した。松浦さんも頷いて、とりあえずC１で試してみることにした。翌日、C１に乾いた薪と新聞紙と一斗缶を上げ、C1のプロパンガスをすべて上部キャンプに上げるように指示した。以降、C1への荷揚げリストに薪が加わった。

次の日、私は薪が使用できているかどうかを確かめるため、C1に上がってみた。C1にいた中世古さんに聞くと、燃えないことはないが、火力が弱くて水が沸騰しないとこぼしながら、嫌味っぽく生ぬるいお茶を差し出した。薪では満足な食事が摂れないと、不満たらたらである。私は、あともう少しのことだから辛抱してほしいと告げ、そそくさとC1を後にした。

C1でこの有様だから、C2ではとても無理と判断。C2にはBCの予備の石油コンロを使ってもらい、プロパンガスを上部キャンプに上げさせた。C1は標高五三〇〇メートル、しかもアイスフォールの中である。後にも先にもヒマラヤ登山史に、この高さとアイスフォールの中で、薪を燃料にした例はない。自慢すべきか恥ずべきかは別として、ギリギリの状態でもどうにかピンチを切り抜けた、窮すれば通ずの良き思い出の一つであった。

頂上を目指すアタック隊　満身創痍の果てに

いよいよ南東稜最大の難関、ブラックジャンダルムの攻略が始まった。ブラックジャンダルムは、南東稜上の七六〇〇メートル附近にそびえる岩の前衛峰である。ルートをジャンダルムの東側面に取る。西側は真っ直ぐな西壁となって、BCまで一気に切れ落ちている。マカルー隊には岩登りに長けた者が多いが、さしもの手練れたちが何度挑んでも、その都度跳ね返された。それでも尺取虫のごとく何とかルートを延ばし、粘り強く攻撃を繰り返す。この難敵を一日で落とすことは無理と判断して、途中に仮のC5を設けて食らいつく。そして五月八日、十三日間を費やして、ついにブラックジャンダルムを突破した。

突破した先の、コル状の場所にC5を建設。すでに標高は七八〇〇メートルである。この先から、我々がアームチェアーと呼んだ高低差のない稜線が続く。この稜線も決して容易な相手ではなく、標高八〇〇〇メートルで小ピークのアップダウン

南東稜上の最大の難関ブラックジャンダルムを睨む

が続いていた。

五月十八日。ついに川口・後藤チームによって、最前線のアタックキャンプとなるC6が建設された。これで、頂上攻撃の態勢が整ったのである。

ところが、すでに予定の日数を大幅に過ぎてしまったため、食糧や燃料、酸素など、すべての物資が底をつきかけていた。もってあと一〇日、撤収も入れてである。登頂のアタック分としては、一週間がせいぜいだろう。

頂上攻撃の作戦はこうだ。C6には合計四チームを入れる。最初の二チームで、できる限り南東稜上部のルート工作を行う。これを受けて、三チーム目が頂上にアタックをかけ、四チーム目は予備とするのだ。最初のチームはC6を建設した川口・後藤隊、二チーム目は越山・長谷川隊とし、この二つがルート工作隊である。アタックは田中・尾崎隊。市川・浅見の四チーム目はアタック隊のサポートに加え、余裕があれば頂上を狙う。この布陣で、我々はマカルー登頂に挑むことになった。

C6を建設した川口と後藤は翌日、上部のルート工作に出た。アタック隊のサポートとして、ルート上の困難な箇所にあらかじめロープを張っておき、アタック隊の負担を軽減するのである。これを『フィックスする』というが、二人はこの日、予定通り一〇〇メートルほどロープをフィックスして、C6に帰幕した。

ところがその日、いくら待っても交替として上がってくる予定の越山と長谷川が来ない。翌朝、川口と後藤は降りる予定だったが、越山、長谷川が上がってこないため、その日も降りずに、彼らが分担するはずのルート工作にでかけ、さらに上にフィックスロープを一〇〇メートル延ばしてきた。

しかし実はここで、彼らの行動を狂わせる二つのトラブルが発生していた。昨日、越山・長谷川隊の長谷川が高度障害にやられて体調を崩し、途中でC5に戻ってしまっていたのだった。さらにそうした情報を得るためのトランシーバーが、C6建設直後あたりから故障してしまい、連絡が取れず孤立してしまっていたのである。そのころBCでも、川口・後藤隊がC6建設の翌日からルート工作に出るところまでは把握していたが、その後に通信が途絶えてしまった。沈黙の向こう側で、登頂アタック作戦の歯車が少しずつ狂いはじめた。

今日こそは、誰かが上がってくるだろう。越山・長谷川か、それともアタック隊

かが。いずれにしろ、下のキャンプでも何らかのトラブルが発生したに違いないと、川口と後藤は推測した。しかし夜になっても、相変わらず誰も上がってこない。連絡が取れず状況が分からない二人にとって、交替が来ないまま自分たちが明日C6を降りてしまうと、登頂の機会を逸する恐れがあった。残された時間は、わずかしかないのだ。

天気はいい。夜空には、星が瞬いている。明日の好天も約束されるだろう。だがモンスーンが間近に迫っている。明後日も天気がいいとの保証はない。ひょっとすると、明日が登頂のラストチャンスになってしまうかもしれない。

そう考えた二人は相談の結果、自らの判断でアタックを決行する決心を固めた。翌朝の午前四時。二人は淡い月明かりのなかでヘッドランプを灯し、それぞれ酸素ボンベを二本ずつ携行してC6を後にした。途中、酸素はまだ少し残っていたが、往復に8時間と踏んで、重量軽減のためボンベを一本減らし、他の装備も全部置いていった。

しかし幾度も幾度も小さなピークを越すが、なかなか頂上が見えてこない。登攀に夢中になっているうち、時計の針は午後五時を指していた。すでに酸素は切れた。予想を裏切り天候が悪化し、雪がちらつく。それでも二人は登攀を続けた。夕闇が迫っていたが、頂はもう目の前のはずだったからだ。

今度こそ頂だと、力を振り絞る。しかしその先には、まだ残酷にも高いピークが見えた。その頂にたどり着き、今度こそ間違いないと思ったら、まだ先があった。今度こそ、今度こそと確信し、最後の力で二人は頂上に立つ。だがその刹那、二人の眼前には、無情にもまだ登りの斜面が続いていた。

立ち尽くす二人には、もう登る体力も気力も、残っていなかった。

「戻ろう……」

川口は後藤に声をかけ、登頂を諦めると、空しく来た道を引き返した。

だが二人にとっては、帰路こそ悲惨であった。天候はますます悪くなり、ブリザード状態の中をかいくぐっての下山となる。ヘッドランプも置いてきてしまっているので、わずかな月明かりを頼りに下るのだが、途中からガスも出て、このままではルートを見失う恐れから、二人はビバークを決意した。

装備もないまま、八〇〇〇メートルの稜線、いわゆるデスゾーンでのビバーク。それはもはや危険を通り越して、そのまま死を意味する。這ってでも下った方がまだ安全かもしれないが、でもルートが分からないまま下って道を外れたら、それこそ確実な死が待っているのだ。雪洞を掘って、一夜を過ごすしかないのである。

すでに川口は、そこにいないはずの生田ら数名の隊員が、傍らで雪洞掘りを手伝ってくれている幻覚を見ている。ピッケルで掘るうちに、幸運にも岩と岩との間が、洞穴状にぽっかりと空いた。ちょうど二人が入れるぐらいの穴であった。二人は抱き合って暖をとる。彼らには、もはや危険とか切迫感などという正常な感覚や意識は、とうに失われていた。生への執着を失っていたのかもしれない。

一方でアタック隊の田中さんと尾崎さんは、五月二十一日の午後遅くにC6へ上がった。そこには、無人のテントがぽつんと建っているだけだった。彼らが持ってきたトランシーバーで、BCにその連絡が入る。BCでは、一昨日からC6の消息が掴めず、イライラが募っていた。C6へ上がった田中・尾崎隊がもたらした断片的な情報をもとに、川口・後藤の行動を推測するしかない。どうやら独自の判断で、二人は今朝早くにアタックをかけたらしい。だとすれば、今日中には戻るであろうと、待つことにした。田中さんと尾崎さんはC6でひと晩中待ったが、川口と後藤の二人は、とうとう戻らなかった。

ＢＣは俄かに緊張に包まれた。

二人の行方が分からない状況に、我々は強い危機感を抱いた。ＢＣは翌朝の交信で、田中・尾崎の両名に二人の捜索を指示する。捜索といっても、南東稜一帯しかない。昨夜は荒れ模様だったが、今日の天気は上々である。田中・尾崎にとっては、アタックにかける貴重な一日を、彼らの捜索のために失うことになった。午前中、辺りを捜すが見あたらない。下る途中で滑落したのだろうか。午後には、さらに上がって捜索するが、依然として行方は分からなかった。

午後三時前、田中・尾崎隊からＢＣに、捜索を打ち切ってＣ６に戻るという連絡が入った。各キャンプはトランシーバーの回線をオープンにして、この様子を傍受していた。ＢＣの原さんは、川口・後藤の両名は遭難して行方不明と判断した。隊員のみんなが、この状況からその現実を受け入れざるを得なかった。全キャンプに重々しい空気が流れた。

ＢＣには、すでに午後の鈍い西日が差しかかっていた。

私は原さんに呼ばれた。「明日早朝、ＢＣを発って日本に帰国し、事の次第を川

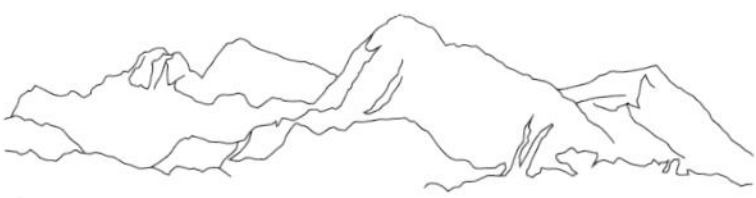

口・後藤の家族に報告せよ」との指示を受けた。私が命じられた理由は、私が二人を隊員に推薦し、しかも二人のご両親と面識があったからである。また川口は私と日大山岳部の同期で、後藤は東海高校の同級生だった。

私は重い足どりで二人のテントに入る。両親に渡す遺品になりそうなものを探すためだった。主の消えたテントの中は、二人の生活の臭いが残っていた。脳裏に彼らの顔が蘇る。突然、私の目から涙がこぼれた。涙は頬を伝って、床のシートの上にぽたぽたと落ちた。ぬぐってもぬぐっても、涙はとめどない。声にならない嗚咽を堪えて遺品を探そうとしても、目は涙で霞んで見えず、すぐに手は止まってしまう。

私は二人の両親に、どう説明すればいいのだろう。土下座して許しを請うのだろうか。私がマカルーに誘わなければ、こんなことにはならなかったのだ。そんな思いが交錯する。そして間もなく原さんから、全登山活動の中止と撤収の指令が発せられるだろう。私のマカルーも、登頂を前にしてここで終わりを告げるのだ。

その時であった。外で誰かが『二人が見つかったぞ』と大声で怒鳴るのが聞こえた。私は一瞬耳を疑ったが、その声はBC全体に波紋のように広がった。すぐに食堂テントにすっ飛んでいって、トランシーバーから聞こえてくる原さんと田中さんの交信に、耳をそばだてた。

状況は次のようであった。

午後三時近くまで、田中・尾崎隊は川口・後藤の捜索にあたるが、発見に至らなかった。諦めてC6に戻ることにし、踵を返してしばらく下ってから、最後に南東稜の上部を振り返った。その時、フィックスロープの終点あたりに、西日にキラリと光る何かを見た。あれは何だろうと目をこらすと、人影らしきものが二つ、ノロノロと下っていた。川口と後藤だ。田中さんは直ちにトランシーバーで、二人発見の報を発したのである。

BCの沈んだ空気は一転、歓喜に変わった。朝日新聞の同行取材記者の谷 久光さんは、『隊員二名遭難、行方不明』の記事を書きにかかっていた。田中・尾崎の両名はすぐさま彼らのもとに登り返し、しっかりロープで確保しながら慎重に下った。二人は雪盲※(10)で目をやられ、失明同然だった。午後六時、C6に二人を収容する。発見してから標高にしてわずか二〇〇メートル足らずを下るのに、三時間近くを要した。山に『もし』はないが、もし田中・尾崎隊に発見されなければ、二人は

※（10）雪盲

雪面からの太陽光の強い照り返しに含まれる紫外線により、眼の角膜・結膜に炎症を起こすこと。予防にはサングラスなどが必要で、スキーや雪山の登山などでおこる。涙とともに、チクチクと針で刺されるように目の奥が痛くなり、とても目を開けていられない。通常は2日、3日で治る

Ｃ６まで自力で辿り着くことはできなかっただろう。

川口と後藤は、洞穴状の雪洞の中で着の身着のままで抱き合い、ほとんど眠れないまま寒さに震え、苛酷な一夜を過ごした。彼らにとって最大の幸運は、快晴無風の朝を迎えたことである。後に川口は、太陽がこんなに明るく、そして暖かいことをあの時改めて実感したと語った。だがビバーク後の二人にとっては、その後も辛い下山であった。昨日の登攀中にサングラスを壊してしまい、雪盲にやられていたのである。

どうにか二人をＣ６に収容したものの、その介抱にかなりの時間を割くこととなった。この間もＢＣとの間で、慌ただしい交信が続く。明日、田中・尾崎隊をアタックさせるかどうかである。彼らは今日まる一日、川口・後藤の捜索と救助活動を行っている。アタックするとなると、夜中に出なければならない。すでに時間は午後一〇時を過ぎている。この状況で満足に睡眠も取らずアタックするのは、リスクが大きすぎるというほかない。とは言え、食糧も燃料も酸素も払底しており、明後日にアタックを延ばす余裕はなかった。天気だって保証はないが、明日いっぱいはどうにか良さそうである。

頂上に向って8,300メートルの南東稜を登る田中隊員（尾崎隊員撮影）

状況から判断して、これが本当にラストチャンスだった。

やるしかない。BCとの協議の結果、アタックが決定された。二人は支度もそこそこに、シュラフにもぐり込む。そこへC5から、苦労の末にサポートの市川・浅見隊がC6に到着した。午後十一時である。二人はさっそく、アタック隊のために朝食作りにかかる。田中・尾崎隊はほんの二時間足らずの仮眠を取っただけで、午前二時三〇分、C6を出発した。

天候は満天の星空、無風であった。絶好のアタック日和である。

フィックスの終了点で、ひたひたと夜が白み始めた。一本ずつ背負った最後の酸素ボンベも、八三〇〇メートル地点でなくなった。二人は後日、およそ六キログラム軽くなったことから、かえって酸素なしの方が行動が楽だったと報告している。小ピークが無限に続く、あのアップダウンを黙々と繰り返す。すでに時計の針は、午後六時三〇分を過ぎていた。太陽は西の空に沈みかけていて、わずかに残照が影を落とす。だが、もう頂上は目の前だ。

そして、午後七時一〇分、その時は来た。

「BC、BC、……ただいま、田中・尾崎頂上」

彼らはマカルーの頂に立った。目の前には、もうそれ以上、高いところはなかった。いままさに、太陽が沈まんとしている。マカルー登頂計画が現実のものとなってから八年、携わった多くの人々の苦労が結実した瞬間だった。そしてまた、日本山岳会東海支部による、マカルー南東稜初登頂の記録が、世界の登山史に刻まれた輝かしい瞬間でもあった。

戦いが終わって　マカルー登頂の裏話

頂上を制したアタック隊は、帰路も冷静であった。月明かりとヘッドランプを頼りに黙々と下る。ビバークはかえって体力を消耗する。夜通し下り続け、午前三時過ぎに市川・浅見の待つC6に帰り着いた。二十五時間の連続行動で、まさに超人的である。

これは結果論だが、仮に最初の計画通り縦断計画を実行していたら、恐らく本命の南東稜は、途中で放棄することになっていただろう。二兎を追う者はなんとやら。南東稜にあれだけ苦労させられたことを考えると、きっと途中で南東稜を放棄して、せめて北西稜だけでも……になっていたに違いない。そうなれば東海支部の記録は、単なる通常ルートからの第二登という、何の変哲もない結果になっていたはずだ。

例の日本山岳会のエベレスト隊が、まさにその轍であった。

エベレスト隊は、通常の東南稜ルートからの登頂と、南壁（南西壁）の初登攀を目標に掲げていた。五月十一日、通常ルートの東南稜からの登頂に成功する。エベレスト隊の本部は、南壁からの撤退を命じる。時間的に余裕がなくなったのと、南壁隊に怪我人が出たことが理由だった。だが本音は、南壁を継続して遭難事故でも発生すれば、日本人初登頂という栄誉に傷がつく、という判断だったのだろう。すでに八三〇〇メートルラインを越えていた南壁隊の隊員は、さぞや悔しかったろう。

この南壁隊には、私と同じ日大山岳部ＯＢの嵯峨野　宏が隊員として加わっていた。この男、歌は音痴に近いが実にパワフルで岩登りにも長けていて、自ら南壁隊に志願したほどだ。過酷な南壁で存分に実力を発揮したと聞く。撤退後に彼は中止命令に憤慨し、たいそう悔しがっていた。

同様に、山岳同志会から小西政継さんが隊員として加わっている。山岳同志会は社会人山岳会で、その中でも最も激しい山登りをする集団として知られていた。しかも小西さんは、山岳同志会のエースである。大学山岳部中心の日本山岳会隊としては、異例の思い切った隊員選考だった。しかし裏を返せば、大学山岳部出身者に

は岩壁登攀のエキスパートがいなかったということであり、同時に南壁初登攀の本気度がうかがえる。

少なくとも、あの南壁隊の隊員たちは、やる気満々だったことは確かだ。それなのに東南稜からの登頂で満足して、南壁は余計なリスクだからと目前で中止を命じられて、誰が納得できるものか。私はその時の詳しい事情を知らないが、南壁に挑んだ隊員はみな、よく黙っていたものだ。

どうあれ結果的には、この時マカルーを含むクンブーエリア※(11)は、モンスーンを前にその後の二週間にわたって、安定した天候が続いていた。あと二週間、頑張れたのである。つまるところ、日本山岳会のエベレスト計画は、一億円を超す巨費を投じておきながら、通常ルートからの第六登という平凡な記録に終わってしまっているのである。

六月二十四日、ＢＣは全キャンプに撤収を命じた。登頂には成功したが、もうひと仕事残っていた。川口・後藤の救出である。ほとんど失明状態の二人をＢＣまで下ろさなくてはならない。しかも川口は凍傷も負っていた。彼らをＣ６から下ろす

※（11）クンブーエリア
エベレスト、ローツェ、マカルーを中心とするネパール北東部の山岳地域のこと

のに三日を要した。私は、シェルパの肩に寄りかかって下りてきた二人に、思わず「馬鹿野郎」と声をかけた。それは罵声ではなく、無事に下りてくれた安堵感と同時に、隊に迷惑をかけて申し訳なかったという、二人の気持ちの代弁だった。

とはいえ彼らの行動は、後に批判の対象となった。自分達の判断でとった予定外の行動が、隊に重大な影響を与えたのである。装備の面でも、酸素ボンベ四本の不足を招き、隊の行動計画を大幅に狂わせた。そしてアタック隊に、体力的にも精神的にも多大な負担を強いた。さらに二人の救出に、多くの隊員を動員させなければならなかったのである。

確かにこれらは責めを負うべきだろうが、彼らにしてみれば、トランシーバーの故障がすべての不運の元凶だったのだ。どことも連絡がつかず、孤立状態に置かれたなかで登頂を目指した独自の判断は許されよう。ただ結果として、遭難寸前の状況を招いてしまった以上、批難されるのは致し方ない。

私は、山登りは全て結果だと思っている。山に、惜しかったとか、もう少しだったのに、という言葉はない。オール・オア・ナッシングの世界であると思っている。そうした観点と第三者的な見方をすれば、彼らの行動があったおかげで、マカ

ルー登山のクライマックスが、よりドラマチックに仕上がったともいえよう。危うく死にかけた二人には申し訳ないが、彼らの取った行動が結果として効果的な演出を生んだのだとするのは、いささか不謹慎だろうか。

登頂成功のトランシーバーが鳴ったその日は、朝日新聞の谷記者にとって大変忙しいものになった。書きかけの遭難記事の原稿を放って、登頂成功の記事に差し替えなくてはならない。それも一刻も早く、日本に知らせなくてはならない。その方法は、電報の打てるところまでメールランナーを走らせ、内容をネパール政府のあらかじめ決められていた部署に打電するのである。ネパール政府は、それを世界に向けて発信するのである。日本へは外電として入ってくるため、朝日新聞のスクープとはならない。

メールランナーは、シェルパの中から足の速い者を二人選んでおく。江戸時代の飛脚と同じだ。登山期間中は、交互に走らせる。名古屋の留守本部や各隊員の家族からの手紙など、六〇日間に二回届いている。五月二五日の早朝、BCを発ったメールランナーは、昼夜の別なくひた走り、ネパール発の外電で日本に登頂のニュースが届いたのは六月二日であった。そして六月三日の朝日新聞の一面トップ

マカルー峰（8470メートル）に登頂

日本山岳会東海隊の4人

東南稜を初踏破

八千メートル級は日本で三度目　二人ずつ次々

後藤　敏宏隊員　川口洋之介隊員　田中　元隊員　尾崎　祐一隊員

【カトマンズ（ネパール）二日発＝AP】ネパール外務省は二日、日本山岳会東海支部登山隊（原真隊長ら十七人）が、五月二十日と二十三日の二度にわたり、世界第五位のマカルー（八、四七〇㍍）に未踏の東南稜（りょう）ルートから登頂に成功した、と発表した。二十日に登頂したのは、後藤敏宏（[illegible]）、川口洋之介（[illegible]）両隊員で、二十三日は田中元（[illegible]）、尾崎祐一（[illegible]）の二人である。

＝2・3面に関連記事

外務省スポークスマンの話によると、後藤、川口両隊員は、頂上から引返す途中で、雪や氷から反射する強い日光のため"雪盲"にかかって立往生、やむなく野営したが、翌朝他の隊員によって救助され、第六キャンプに無事たどりついた。

また、田中、尾崎両隊員は、二十三日に第八キャンプから直登を試み、午後五時十分（現地時間）頂上に達した。頂上では三十分間すごしたあと、暗ヤミが迫る三時間前に同キャンプに戻った。モンスーンをひかえ同隊の登頂は、今

ベースキャンプから見たマカルー峰。右側あん部からのりょう線が東南稜根（白甲史朗隊員写す）

登頂を伝える昭和45年6月3日の第一報。実際は川口、後藤隊員は頂上直前で引き返している
（朝日新聞社提供　記事：AP通信）

に、マカルー南東稜登頂成功の文字が、でかでかと踊ったのは言うまでもない。何と配信に一〇日もかかっているのである。今なら通信技術も進歩して、衛星電話やインターネットで即時配信だ。

ちなみに、一九五三年のイギリス隊によるエベレスト初登頂がイギリス本国に届いたのが、六月二日の早朝であった。この日は、エリザベス女王の戴冠式の当日で、その報せにイギリス国民は二重の喜びに沸いたという。エベレスト登頂は五月二九日なので、その四日後に届いたことになる。でもエベレストBCからなら、夜を徹して走ればもう一日は短縮できたはずである。つまり戴冠式の当日、それも早朝にビッグニュースとしてロンドンに飛び込むよう、わざと調整したのではとの説もあるのだ。

余談だが、エベレスト初登頂の栄誉に輝いたヒラリーは、その功績に対して、エリザベス女王から『サー』の称号を授っている。以後ヒラリーは、サー エドモンド・ヒラリー（ヒラリー卿）と呼ばれる。

様々な出来事や葛藤、そして苦難を経て、我々のヒマラヤでの戦いは、終わったのである。

五月二十九日、マカルー登山隊は二日間の休養後にＢＣを引き上げ、帰途のキャラバンについた。ＢＣにはモンスーンの到来を告げる、生暖かい風が吹いていた。

キャラバン――そぞろ歩きの思い出

帰りのキャラバンは、気軽である。所期の目的を果し終えた後だけに、後は日本に帰るだけ、と気分も晴れやかである。あれほど苦労を強いられたシプトン峠だったが、帰路に雪は跡形もなく消えており、モンスーンの雨空に煙る灌木帯の狭間を緩やかに下る山道であった。

一方で、モンスーンの中でのキャラバンは、鬱陶しい。もっとも、日本の梅雨と違って、一日中しとしと降るようなことはない。急に雲が湧き出してザっと雨が降ってきたかと思うと、しばらくしてすぐに青空が戻ってくる。雨傘を差したりしまったりの繰り返しである。

アルン街道まで下れば、季節はもう夏である。気温もぐんと高くなって、これまで着ていた衣類はもう暑くて、ただの荷物になった。我々は例によって度々バッティに立ち寄り、昼間から赤ら顔である。

街道沿いのバッティには、この季節になると果物も売っていた。黄色く熟れたマンゴーである。手の平に入るほどの小振りなマンゴーが笊に盛られていて、驚くほど安い。今でこそスーパーで気軽に買えるマンゴーだが、当時はまだ縁遠い南国の果実である。私はどうやって食べるのかわからず、シェルパがやるのを真似ることにした。

まず、マンゴーを両手で揉む。そして、中身がぐちゃぐちゃになるまで強く揉む。マンゴーの皮は厚いので、果肉が外に飛び出すことはない。そして次に片手で口に持っていき、先端を前歯で噛み切る。あとは手でぐっと押すと、甘いペースト状になった果肉が口いっぱいに広がるのだ。さらに、マンゴーの大きな種を頬張り、果肉を舌で嵌め取ると、種をペッと道端に捨てる。最後に、マンゴーの中に残った果肉も手で押して口に入れる。皮は道端に放るのだ。小振りであっても甘くて美味いので、五つ六つも頬張れば大満足である。普段の日本では考えられない、ワイルドな食べ方が気に入った。

また、街道筋の農家の庭先には、黄色く熟れたバナナがたわわに実っていた。これもまた、実に旨そうである。ただ不思議なことに、バッティではバナナを売って

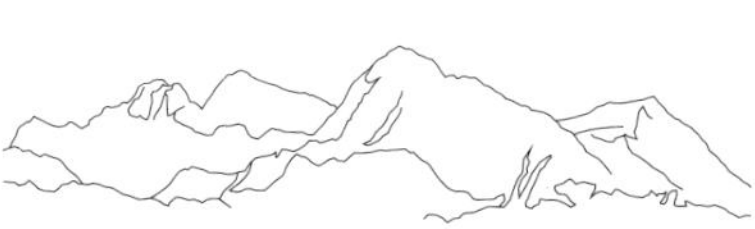

いない。そこで私は通りすがりの農家で、バナナの木の下で農作業している老婆に、『この下着とバナナを交換してくれないか』とジェスチャーで伝えてみた。

下着というのは、およそ三ヶ月間ヒマラヤで私の体を温めた、ラクダのシャツである。そこらへんに捨てるのも気が引けるので、ザックに縛り付けておいたのである。その老婆は私の申し出に、ニコニコして応じてくれた。いくら現地が物不足とはいえ、不要になった汚れた下着とバナナ一房との交換は、ちょっと気の毒なような、そして得したような気分になる。しかも一人ではとても一房を食べられないので、一緒に連れ立って歩いていた隊員にも分けることにした。

今度は、日本人にもなじみ深いバナナである。さっそくおなじみの方法で、皮を剥いて食べてみた。なぜか、不味い。不味いというよりも、これまでの経験で知っているバナナの甘さを、裏切っている。甘くないバナナなど、口の中がモサモサするだけで美味いわけがない。たまたまハズレを引いたのかと、もう一本食べてみるが、同じである。同僚の隊員も不味いという。

下着と交換した以上、捨てるのも勿体ないので、追い越していくシェルパに食わないかと差し出すと、笑って手を振っていらないという。恐らく、不味いことを知っているのだ。そこで別のシェルパをつかまえて、下着と交換した話しをしながら、美味くないとはいえバナナはバナナ、どうしてみんな食べないのかと聞いてみた。彼はにやにやしながら言った。

「Onoe sahiv, It's for pigs.（オノエサーブ、それ豚のエサだよ）」


キャラバンの思い出は、尽きるところがない。

往路では、隊荷を減らすのと新鮮な食糧を得るために、現地の村々で調達できるものをなるべく利用した。野菜は、ニンジン、玉ネギ、ジャガイモなどで、さらに生肉も手に入る。ニワトリ、ブタ、ヤギである。鶏卵も入手できた。ニワトリとヤギは、生きたままBCに上げた。

私はキャラバンで、ポーターや地元民が家畜を屠るところを度々目撃した。登山隊では隊員とシェルパを合わせ、およそ五〇人の食事を毎日用意するので、キッチンは大騒動である。ニワトリなら一〇羽ほど、ブタやヤギなら一頭である。

まずはニワトリについて、彼らの処理の仕方はこうだ。丸太にまたがって、籠に入っているニワトリを取り出すと、丸太の上に首をあてがう。そして、ククリでバッサリと首を刎ねるのだ。ちなみに『ククリ』とは、ネパールの高地民がいつも腰に差している蛮刀の一種で、日本でいう鉈に近い。刃は内側に向かって反っていて、先端を鋭く尖らせ、刃は鋭利に研いである。樹木の伐採から調理まで何にでも使う生活用具である。首を失ったニワトリは、羽をバタつかせ血をしたたらせながら一～二メートルほど走って、ぱたりと倒れる。これを次々とやるのである。辺り一面を血だらけにしてから、倒れているニワトリを拾い集める。あとは羽をむしり、ククリで捌くのである。

続いて、ブタの場合はどうか。ネパールの豚は、黒豚である。まずブタを地面に横たわらせて、四肢を縛る。近くから竹を取ってきて、ククリで長さ三〇センチほどの細い竹ひごに削り、さらに先端を鋭く尖らせる。寝かせたブタの前肢の付け根から、ぶすっと一気に心臓に竹ひごを突き刺すと、ブタはキーキーキーと悲鳴を上げるが、すぐに絶命する。ブタは喉元から腹にかけてを割くと、まるで腑分けのようにきれいに解体していくのだ。

最後はヤギである。ヤギの角に紐を結び、立ち木にその紐をヤギの頭が動かないよう固定する。そして一人が尻尾を引っ張る。これによって首が真横に伸びた状態

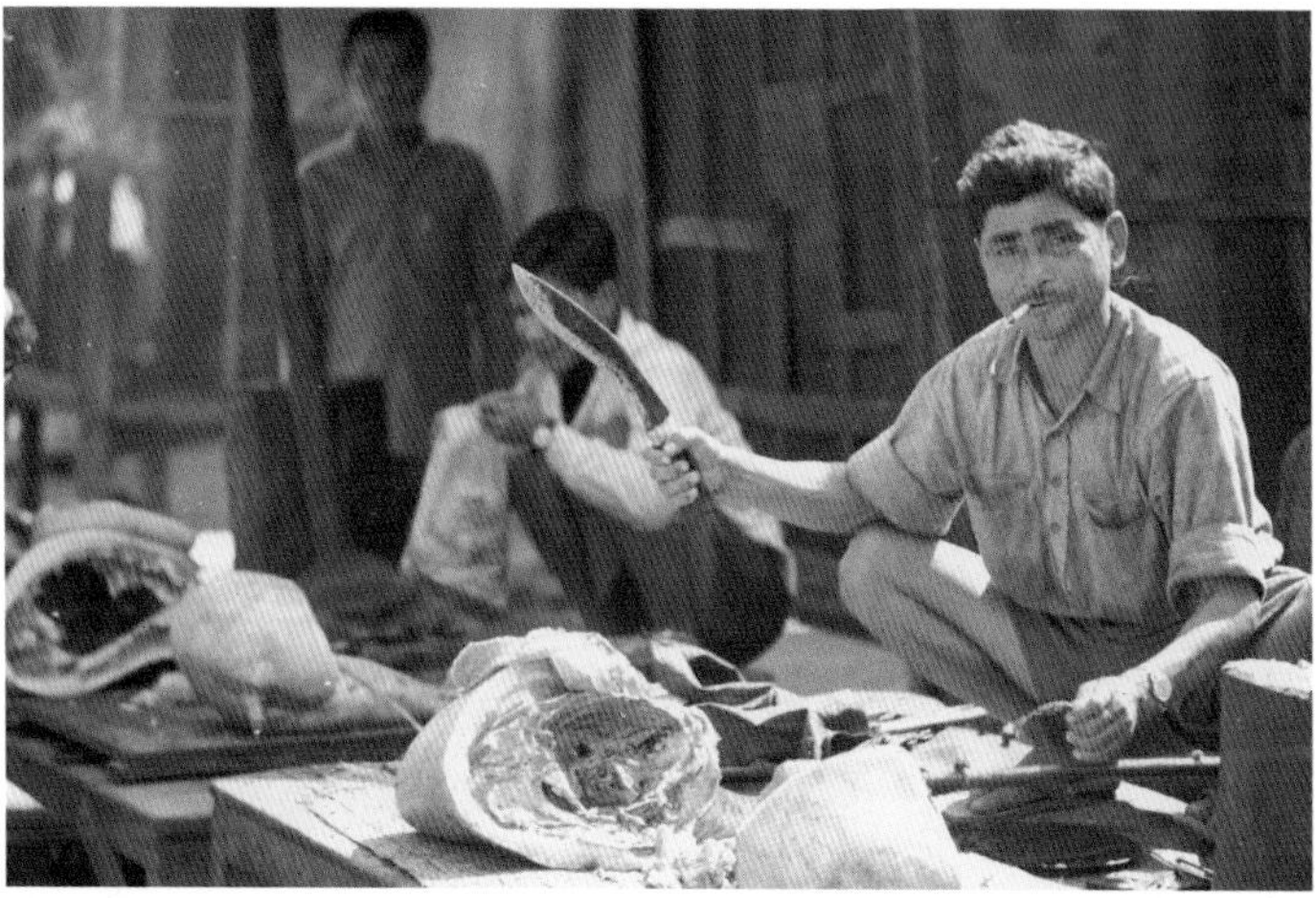

捌いた豚肉を売る男

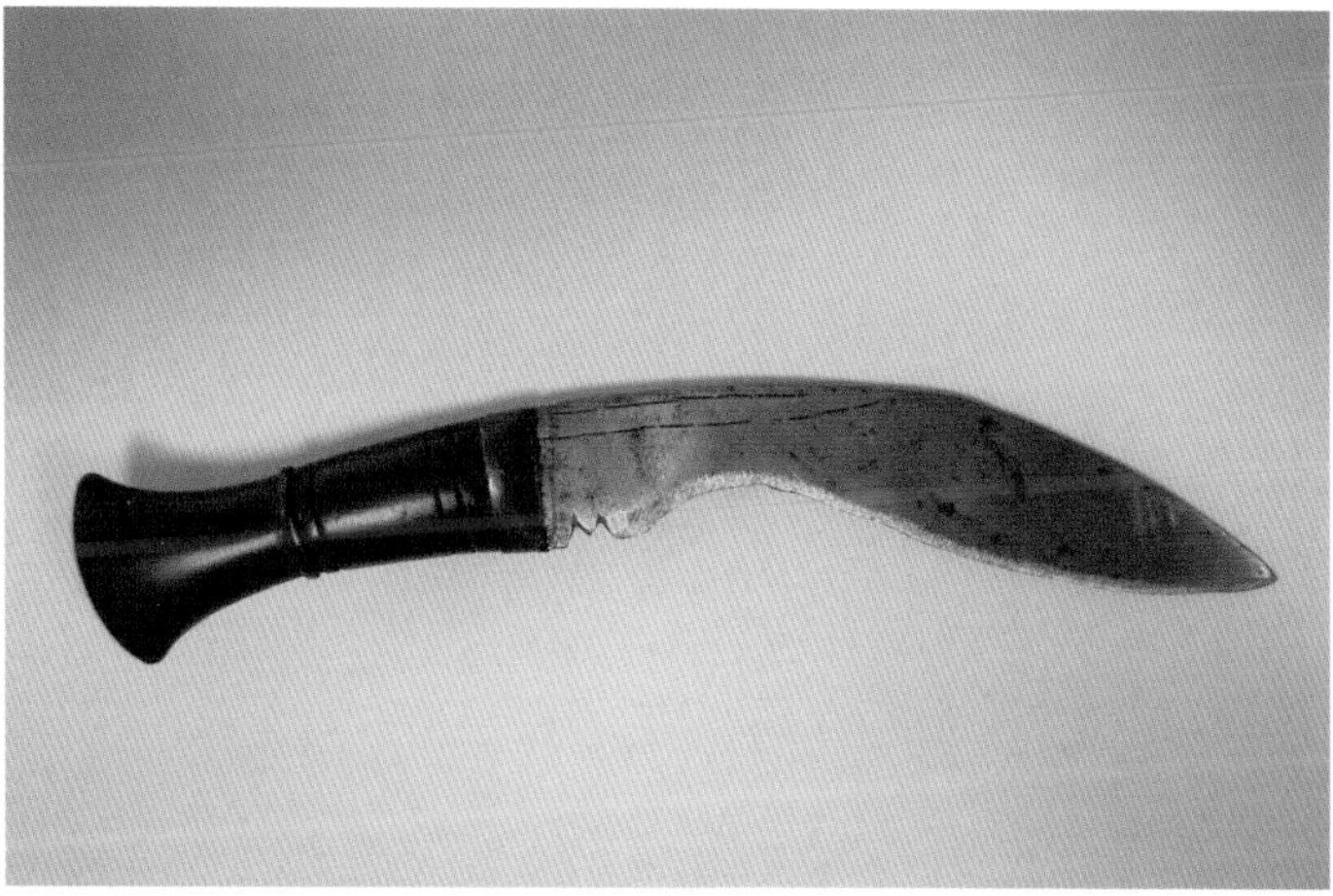

ククリはネパール高地民の生活必需品

になるのだ。この首をめがけて、両手で持ったククリを二〜三回、思い切り振り落ろすのである。この間十秒ほどであるが、ヤギは苦しそうに暴れ、凄まじい悲鳴を上げるので、思わず目を背けたくなる。胴体からどっと血が噴き出すのを洗面器で受ける。血も貴重なタンパク源である。後の処理の仕方は、ブタと同じであった。一見残酷そうだが、現地で日々を生きる彼らの日常である。

我々がBC入りして、しばらく生かしておいたヤギを屠ることになった。これをやらせろと志願したのが、尾崎さんである。BCは高地なので太い木が生えていないから、ヤギはシェルパが二人がかりで押さえる。少々及び腰の尾崎さんが、その首めがけてククリを振り下ろしたのだが、ヤギの脛骨でガッと止まってしまった。焦った尾崎さんはククリを何度も振り下ろすが、最初の切り口に上手く当たらず、ヤギの首がなかなか落ちない。ヤギは苦しがって暴れ出し、すさまじい悲鳴を上げ、辺りは修羅場となった。

とうとう見かねたシェルパが彼の手からククリを取り上げ、二〜三度振り下ろしてケリをつけた。尾崎さんの顔は引きつっていた。

その日の晩飯は、ヤギ肉の炊き込みご飯であった。尾崎さんは旨そうにがっついていた。尾崎さんは、成城大山岳部ＯＢで、実家は代々の醤油の醸造元である。お坊ちゃんの御曹司のはずが、意外にも野蛮人であった。私は、血まみれの光景を思い出したのと獣臭さとで、ひと箸も進まなかった。

　あのアルン川の徒渉地点に差しかかった。往きのキャラバンで水浴びした所だ。あの時とは打って変わって、サワコーラは川幅もずいぶん広くなり、モンスーンの雨で乳濁色の速い流れに変わっていた。さすがに、これを歩いて渡るのは無理である。そこには、渡し舟があった。

　舟は一度に二〇人ばかりを乗せると、船頭が次々と竿を水底に突き刺す。舟は川を斜めに進み、そこから五〇～六〇メートルほど川下に流されながら、向こう岸に着くのである。着岸させると今度は、空舟をそこから一〇〇メートルほど上に川岸に沿って引き上げ、再び渡河地点に戻すのである。

　だが同乗したシェルパやポーターたちは、舟に乗るやいなや、手を合わせて目を閉じたり、中にはお経を唱える者も出る始末。水が恐いのである。彼らに元来泳いだり水遊びをする習慣などない。浴びてもせいぜい沐浴程度。まして濁流を舟で

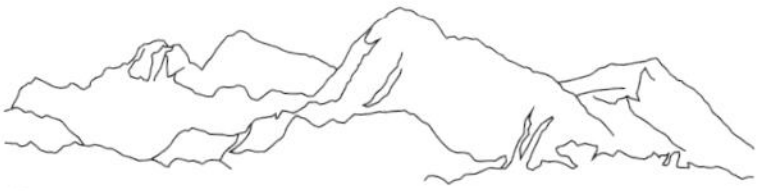

大木を刳り貫いた丸木舟でアルン川支流サワコーラを渡る

渡るなどという経験は初めてで、きっと奈落の底にでも落とされる気分だったろう。環境の違いなのだから仕方ないが、気の毒を通り越して、もはや滑稽ですらあった。

六月十九日、ついに我々は、キャラバン出発地のダランバザールに帰着した。夜は、シェルパたちとのささやかな『さよならパーティ』を挙行し、これをもって全登山行程を終了した。翌日カトマンズに戻ると、日本大使館やネパール政府など、関係先にあいさつに出向く。懐かしの雪見館にも、あと二晩ほど泊まっただろうか。その後は自由解散となり、それぞれのルートで帰国の途についたのである。

帰国して――すれ違う想いは青春の一ページ

マカルー挑戦を成功裏で終えた私たちは、凱旋帰国である。カトマンズで自由解散となった私は、川口と一緒にニューデリー、バンコック、香港を経由し、観光旅行をして帰った。羽田を発ってから実に四ヶ月半ぶりで、私は日本の土を踏んだ。

登山隊は帰国してからも忙しかった。お世話になった各所へのお礼の挨拶参りをはじめ、祝賀会、報告会などへの参加が続く。報告会は、支部が主催する公式のものも含めて遠方からもお呼びがかかり、隊員が分散して対応した。それらは大阪や神戸、松本などで、遠く北海道の札幌市でも開催されている。特に登攀隊長の原さんをはじめ、頂上に立った田中・尾崎両隊員は、テレビや雑誌、週刊誌などの取材や出演依頼が相次ぎ、マスコミの対応に忙しかった。

そして帰国した私にも、いささかほろ苦い出来事が待っていた。それはあのマカルーの準備期間中から続いていた、若さゆえの体験である。これは若い頃なら誰もが一度や二度は味わう、青春時代の体験である。

そのころ、つまりマカルーに関わり始めたころ、私は独身であった。私も人並みに女性に興味を持っていたし、モテたほうではないが、恋の一つもしたい年頃である。マカルーがまだ海の物とも山の物ともつかないころ、私にも恋人と呼べる存在が現れた。彼女と私は、一緒に食事をしたり映画を観たり、彼女の仕事場を訪ねたりと、それだけで楽しい日々を過ごしていた。

初心《うぶ》な青年であった私はこれで十分楽しかったし、嬉しかった。そして、いつかはこの人と一緒になりたいとまで意識するようになった。もちろん、約束を交わしたわけではないが、親しさが増すにつれ会話の端々から、彼女も私と同じ想いを抱いていると確信していた。

しかしヒマラヤ解禁を契機に、マカルー計画が動き出した。そして活動が軌道に乗るにつれ、次々に訪れる難問の解決に、次第に忙殺されていった。それまで三日も空けずに会っていた逢瀬が、しだいに遠のいていく。自分の心が彼女から離れたのではなく、実際にそれどころではなかったからだ。出発も間近に迫ると、さらに

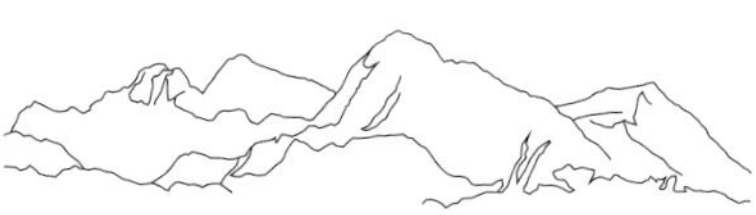

殺気立った日々が続く。時折、彼女からのアプローチもあったように思うが、目前のヒマラヤ登山の実現に、彼女も含めて他のことは全く眼中になくなっていた。

とはいえ、命がけともいえるヒマラヤ八〇〇〇メートルの登山である。だから私は、出発前にせめて一度は彼女に会っておきたいと思い、久しぶりに連絡を取って、わずかな時間を一緒に過ごした。

会話の内容は覚えていないが、恐らくマカルーに対する私の情熱の、一方通行だっただろう。そのうえ私は子供の頃から、照れ屋というかシャイであった。特に女性には、素直に気持ちを表現できない。自信がないので、嫌われないよう煙に巻こうと回りくどい言い方になって、「何を言っているのかわからない」とまで評されてしまうことがある。それがために片思いで終わるのが常で、自分の中で一番、嫌いな面である。

その日の別れ際、彼女は『私と山と、どっちが大切か』という意味の言葉を、私に問いかけた。

「今の自分には、マカルーしか考えられない」

そう返答したことを、はっきりと覚えている。それ以外の言葉を捻り出す器用さはなかったし、また誠実ではないと思った。私はそれ以後、彼女のことは忘れてしまい、憬れのヒマラヤに向かって慌ただしく日本を発った。

そして、マカルーの全てが終わった。苦難の末の達成感で帰路のキャラバンはルンルンだったが、同時に望郷の念も募ってくる。家族のこと、仕事のこと、そして急に、瞼の裏に彼女の顔が浮かんできた。登山期間中の強烈なインパクトとストレスが続く毎日に、私は一度も彼女を思い出すことはなかった。だからそのぶん余計に、彼女への思慕の念が強くなった。よし、帰ったらプロポーズするぞと、心に決めた。

帰国してすぐ、私は彼女に会いたいと伝えた。もちろん、怨み節の一つも覚悟していたが、すんなり応じてくれた。こんな私を理解して、待っていてくれたのだと、ほっとする。

よく夕食を共にした思い出のフレンチレストランで、再会した。私は長い間の留守を詫び、これからも以前と同様のお付き合いを続けたいと告げた。

ところが、彼女の答えは、違っていた。

半年も放っておかれた間に、自身の心境に変化が生じたこと。転職をして、心機

一転出直すことにした。あなたとはなかったことにしてほしい。非難するでもなく、彼女はそう淡々と話した。まったく予想だにしなかった展開に、困惑した私は精いっぱい弁明に努めた。

ヒマラヤが、山がそうさせたのであって、君を嫌いになったわけでもなく、心が離れた訳ではない云々。しかし彼女は、ただ黙って頷くだけだった。実は私に会ったのは、私に会いたかったのではなく、会ってきちんとけじめをつけたかったのである。

山とは無縁で、ましてヒマラヤ登山など興味のない人が、その情熱を理解できないというのも無理からぬことだろう。およそ六ヶ月も放置されれば、女性の心変わりも仕方ないか。でも、すんなりと諦めきれない私は、その後も未練たらしく何度かアプローチを試みたが、むなしい結果に終わった。

今にして思う。恐らくあの時の私の、『マカルーしか考えられない』という言葉がとどめだったのだろう。シャイな私には、『ヒマラヤはたった半年じゃないか、君は一生だ』が思いつかなかった。

あの時それをちゃんと伝えられていたなら、私と彼女はどうなっていただろう。

そう考えると、今でもチクリと胸が疼く。

だからといって、今の私には後悔などない。私は、すでにそれ以上を望むべくもない家庭環境を得ているからだ。ただ、あの時マカルーに青春をささげた私にも、誰にも知られたくないたまゆらの一ページが、あったのだ。

報道の影響と報告書　マカルーとは何だったのか

凱旋帰国の熱がまだ冷めやらぬ我々に、いつの間にか年の瀬が迫っていた。毎年の暮れの名物イベントと言えば、国民的な人気番組となっていた『ＮＨＫ紅白歌合戦』がある。そしてこの年、一九七〇年のステージに特別審査員として、登頂に成功したマカルー隊の熊沢正夫総指揮と、原 真登攀隊長が招かれたのだ。

そのことを事前に聞いていた私は、大みそかの夜、テレビの画面を見つめていた。番組の冒頭、審査員紹介のシーンが映し出され、順を追って紹介された。

「今春、ヒマラヤはマカルー峰、その南東稜初登攀に成功した、日本山岳会 東海支部隊総指揮の熊沢正夫さん、そして登攀隊長の原 真さんです」

どこか上ずった司会者の声に、ブラウン管の中の二人はぎこちなく会釈した。その光景は今も記憶の中で鮮明である。

ところで我々のマカルー隊はＣＫ（名古屋局）の、本部エベレスト隊はＡＫ（本部）の後援を受けていた。両局の力関係からいえば、紅白の審査員として白羽の矢が立つのは、当然エベレスト隊になろう。きっと局内の審査員選考過程で、エベレスト隊にするかマカルー隊にするかで議論になったはずだ。マカルー南東稜の制覇はヒマラヤ登山史としては快挙であるが、知名度の点で世界最高峰と比べれば一般ウケしないことぐらい、テレビマンではない私にだって理解できる。でもそれが分かっていながら、なおマカルーを推したのだとしたら。NHKもまんざら捨てたものではないと見直した。

正月明けに、支部の会合で原さんに会った。さっそく審査員になった感想を尋ねる。彼はひと言「別になにも。全部紅組（女性）に入れてやった」と、興味なさげであった。実に原さんらしい。

ちなみにNHKCKは予算の都合なのか、同行取材のカメラマンをマカルーに派遣しなかった。その替わり、隊に十六ミリカメラを貸与して、登山活動の撮影を依頼した。しかし動画撮影ともなると、ただでさえ過酷な現場にさらなる負担を強いることになる。正直なところ、すべてがギリギリのマカルー隊にその余裕はなかったのである。

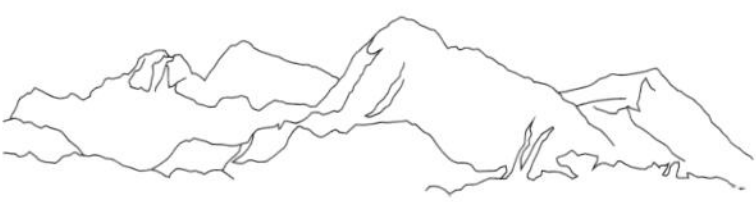

そのため、満足できる動画は撮れなかった。それでもNHKCKのディレクターである白井久夫さんは、乏しい動画と隊員が撮影したスチール写真を駆使して「マカルー南東稜」を制作、NHKスペシャルとして全国放映された。また、ラジオでもドキュメンタリータッチのドラマ「おそれずに夜を歩め」に仕立てられ、放送されている。

一方で我々には、写真家の白籏史朗さんが隊員として参加した。白籏さんは、プロの写真家であると同時に、登山家としても他の隊員に劣らない実力を備えていた。だから撮影もさることながら、秘かに頂上に立つことも狙っていた。

私はキャラバンや登山活動を通して、プロとして撮影に向き合う彼の真剣な姿に、ずいぶん感心した。自分専属のシェルパを雇い入れ、常に傍らに置いて撮影の助手替りをさせていた。厳寒の夜中に起き出して、ヒマラヤに朝日が昇る瞬間をカメラに収めようとじっと待っていたり、良いアングルで撮るためにあえて危険な場所でカメラを構えるところを、私はよく目にした。そんな白籏さん入魂の写真の数々は、マカルー登山隊公式報告書「遙かなる未踏の尾根」の巻頭を飾っている。

ところで話は逸れるが、例のエベレスト隊も二〇二〇年で登頂から五〇年を迎える。この五〇周年を、朝日新聞が特集したと聞いたが、どうも腑に落ちない点がある。そもそも朝日は、エベレストの通常ルートからの単なる第六登に、いったいどんな意義を見出したのであろうか。まさか、日本人の初登頂にだろうか。まだ後援した毎日新聞なら、理解できなくもないが。記事を書いた朝日の記者は、毎日が隊のメインスポンサーだったことを知っていたのだろうか。

嫌味たらしく言えば、朝日は当時マカルーに記者を派遣していたぐらいだから、マカルー五〇周年の特集を組むのが筋だろうに。博識な彼らのこと、登山の価値に疎いなどとは言わせない。

帰国してから、半年ほど経ったころであったろうか。ある著名な登山家から、我々マカルー隊の登頂を疑問視する声があがった。田中・尾崎両隊員の行動が、あまりにも超人的であり、あの登頂は現実離れしているというのである。確かにその場にいなかった第三者が、冷静な視点で検証すれば、二人の行動はそう感じられるかもしれないだろう。

山登りは、登った人が登ったと言えば、登ったのである。

頂上直前で撮影されたフィルムの千切れた最後の一枚。
左ローツェ、右エベレスト（尾崎隊員撮影）

私はそう考えているし、それが登山家の間での約束事である。登山とは、審判も観客もいない、孤独なスポーツである。今も昔も、第三者が登頂を証明する手立てなど、ないのである。田中・尾崎の両隊員がトランシーバーで「頂上に立った、その先にもう高いところはない」と言っているのだから、それがすべてである。

どうしても証拠をというのであれば、山の場合は頂上からの写真である。四周の景色の写真があれば、撮影した場所の高さの特定は簡単である。だが残念なことに、マカルー隊に頂上の写真はない。頂上の直下で尾崎さんが写した、ちぎれた写真が一カットあるだけである。それは沈みゆく西日を浴びて、雲海に顔を出しているエベレストとローツェが写った一枚である。フィルムの巻き上げ部が凍結してシャッターが切れなくなり、無理に巻き上げた結果、そのカットを最後にフィルムがちぎれたのである。

確かに、極限状態で現場が混乱することが多い登山史の中には、間違えて隣の山に登っちゃったとか、ガスで頂上を見誤って後で大恥をかいたなどという椿事も、あるにはある。限界に挑んできた当事者としては、登頂を疑問視する外野の声など無視すればいいのだが、不愉快である。証拠がないことが悔やまれる。

ところがこの疑惑は、翌年に晴れることとなった。一九七一年五月、フランス隊がマカルー西稜からの第三登を果たした際、田中・尾崎両隊員がピッケルにくくりつけ、頂上に打ち込んだ日章旗を見つけて持ち帰ったのだ。このことがフランスの新聞に大きく取り上げられ、外電で日本にも配信され広く報道されたのである。それ以後、東海支部に疑いをかける声は消えた。

だが、この話には思いもよらない続きがある。持ち帰った日章旗が話題になって、六~七年後のことである。東海支部宛に、マカルー登山隊様と記した一通の封書が届いた。すでに原さんは支部を去った後であり、隊員たちもとっくにそれぞれの生活に戻り、支部は閑散としていた。当時のマカルー隊員で支部運営に引き続き携わっていたのは、私と生田と小川ぐらいであった。当然、その封書は私のところに回ってきた。

その内容を要約すると、「東海支部のマカルー登頂について、翌年にフランス隊が頂上から日章旗を持ち帰ったことで証明したということだが、ではそのフランス隊が登頂したことは、どうやって証明されるのか。そこが本当に頂上であるかどうかを、フランス隊はどうやって証明するのか」というものであった。文字はしっかりしていたが、明らかに子供の文章であった。実はこの持ち帰った日章旗の話は、ある出版社が美談として、当時の小学六年生の国語の教科書に教材として取り上げたのである。題名は、「マカルーの旗」である。

想像するに、授業中に生徒からそうした質問が出て、先生が答えに窮したのであろう。そこで、直接子供に手紙を出させたのではないだろうか。

その生徒へは、私から返信を書いた。文面は「登った人が登ったと言えば、それを信用するのが山登りであり、登山家です。登山は、審判のいないスポーツです。それが登山家同士の約束事です。登頂を証明するなら頂上に立った時の写真ですが、残念ながら我々にはその写真がありません。けれど旗を持ち帰ったフランス隊が登頂した日は快晴の昼間だったから、写真がたくさんあるはずです。真相を知りたければ、ぜひフランス山岳会に問い合わせてみてください」とした。小学生を相手に少々意地悪そうにも思えるが、こうとしか書きようがない。

ともあれその後、小学生からの反応はなかった。一九七一年のフランス西稜隊の報告書が私の手元にあるが、そこには、頂上の写真もしっかり掲載されていて、その中の一枚に「頂上から日本隊稜（南東稜）を見る」がある。

マカルー頂上から持ち帰った東海支部隊の日の丸を広げてみせるフランス隊のメレ（左）セニュール両隊員

東海支部隊が置いてきた
"日の丸"持ち帰る
マカルー 登頂のフランス隊

【カトマンズ二十九日AP】ヒマラヤのマカルー（八、四七〇米）を西りょう（稜）から征服したフランス隊は、日本国旗をみやげに二十九日カトマンズに帰ってきた。

この"日の丸"は昨年五月、日本山岳会東海支部隊（伊藤洋平隊長）が東南りょうから同峰に登頂したとき頂上に置いてきたもの。ピッケルに結び付けられていたのを、フランス隊のメレ、セニュール両登頂隊員が発見し、持ち帰った。両隊員は代わりにフランス、ネパール両国旗を頂上に置いてきたという。

世界第五位のマカルーに登った日本隊は、日本山岳会東海支部の遠征隊（伊藤洋平隊長、原真登はん隊長以下二十一人）。

昨年五月二十日に後藤敏宏、川口洋之介、同二十三日に田中元、尾崎祐一の各隊員が、未登の東南りょう（稜）ルートから登頂に成功した。

東海支部隊の登頂が確認された

日本山岳会東海支部の伊藤洋平マカルー遠征隊長の話　ピッケルに結んで来た日の丸が、一年もたったのに、風雪のきびしい山頂に残っていたこと自体珍しい。フランス隊が持って来てくれたことで、東海支部隊の登頂が確認されたことになるし、両国間の山男たちの心を結ぶ楽しいエピソードになると思う。登頂した人たちの栄光は、旗を打ち立てた瞬間に永久に残る。旗が山頂に存在するかどうかは問題でない。

この新聞記事が、マカルー隊の成功を証明した。昭和46年5月31日付中日新聞より
（記事：AP通信　写真：著作者不明）

※写真は著作者不明のまま掲載しています。著作者の方は中部経済新聞社までご連絡ください

だが一方で公式な記録となると、大人の事情が絡んで、もう少し複雑である。ヒマラヤ遠征は、報告会と報告書の発行をもって終わる。報告会は七月十三日、東海支部の主催で朝日新聞名古屋本社の講堂で、講演会という型で開催された。公式報告書は、昭和四十七年（一九七二年）一〇月「遙かなる未踏の尾根 MAKALU1970」として発刊されている。帰国してから二年あまりが経っていた。この報告書は、大変ユニークである。普通、報告書は登山隊実現までの経緯、時系列の行動記録、個人（隊員）の手記、各分担係の報告、それにスポンサー一覧である。マカルー隊の公式報告書には、もちろんこれらのいわば約束事に類する事項は、当然記載されている。

そしてそれ以外に、C5建設のあたりから登頂成功までの、主にBCと各キャンプ間の交信記録も掲載された。この内容が、実に赤裸々で生々しい。限界ギリギリの当時の状況が、臨場感と緊張感たっぷりに再現されていて、読む側にとっては面白いものだろう。まるで、航空機のボイスレコーダーを聞くようなものである。

ところが、トランシーバーの交信記録の再現なので、時には感情的になって丁々発止、他の隊員を批難したり、口汚く罵倒したり、無能呼ばわりもする。こうした

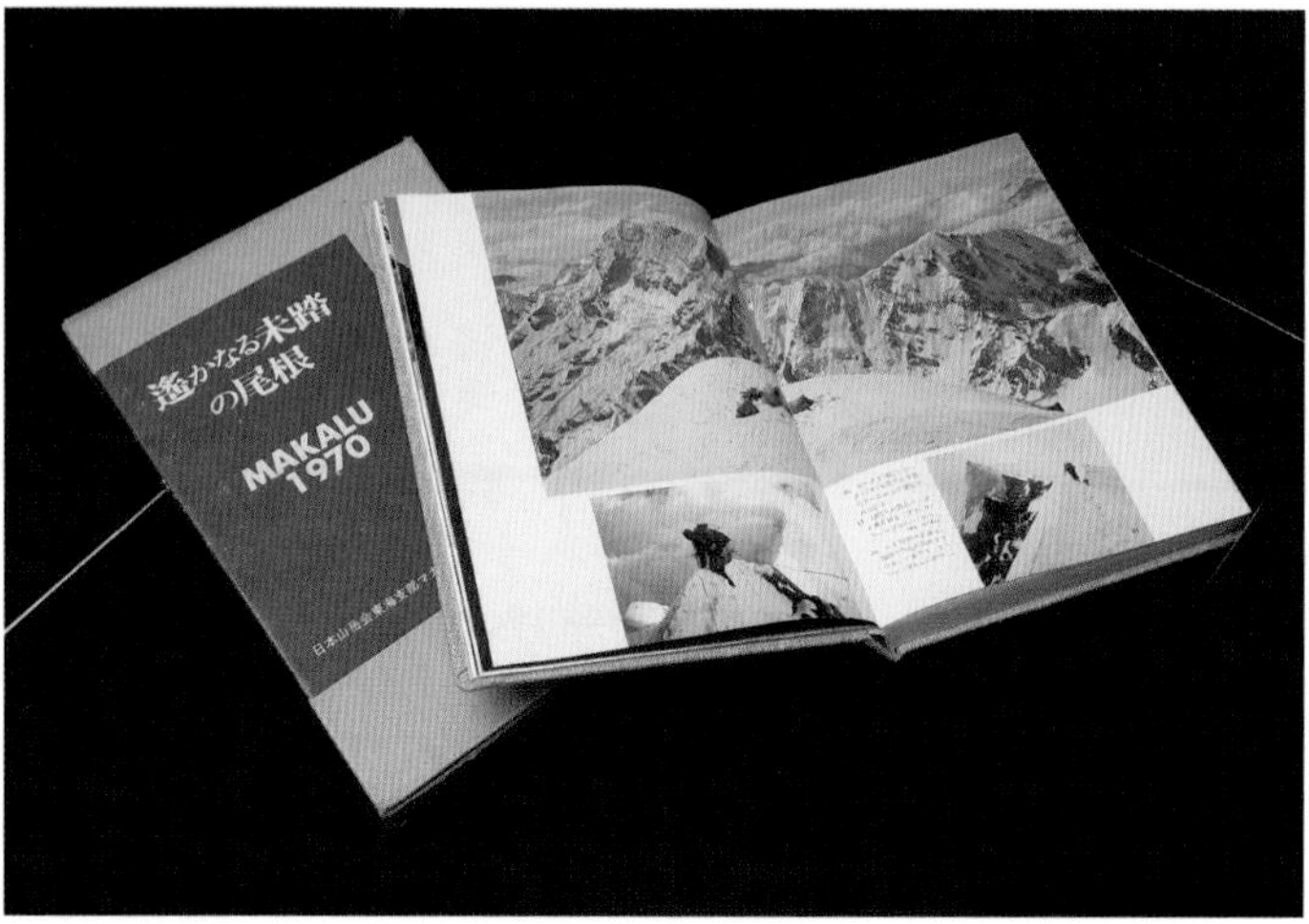

公式報告書「遥かなる未踏の尾根　MAKALU 1970」

やり取りは、命がけのヒマラヤ登山という特殊な環境下ではむしろ日常茶飯事で、たいていは終わってしまえばノーサイドである。ところが活字として残してしまうと、言われた側の心の傷も残るのである。そして言った者に対して、反感と憎しみを抱く。つまり、無用なしこりが残るのだ。ちなみに他のヒマラヤ登山隊には、殴り合いならまだしも、ピッケルを振りかざしてやり合ったとか、頭にきて遠征途中なのに帰国してしまったという話は、あちらこちらから聞こえてくる。

さらに報告書の中では、隊の総括として、登山に参加していない第三者の登山家数人を加えた座談会を催している。こうした場合の第三者の発言というのは、得てして誉めることよりも、批判や批難が圧倒的に多い。例えば評論家の中には、とにかく批判的な立場をとれば視聴者にウケると勘違いしてテレビに出演する輩もいるが、それと同じである。

私もその座談会に参加したが、その場にいたわけでもなく、深い事情も知らないくせに、結果を小賢しく批判したり、それに迎合する発言には虫唾が走った。閉ざされた緊張が連続する毎日に、人間同士ぶつかったり葛藤が生じるのは当たり前だ。結果に対して客観視は必要かもしれないが、心ない者の無遠慮な批判が、今さら何の役に立つというのか。

公式報告書というものは、正確な記録でありさえすればよい。プライベートな諍いやスキャンダラスなできごと、生々しい反省などは、個人の手記や回想録にでも著したらよいのだ。報告書の中には、隊員の一人が手に凍傷を負い、その痛々しい写真と手術の経過までが掲載されている。もし私だったら、身内だけならともかく、公式報告書への掲載など拒んでいただろう。『隊員が酷い凍傷を負った』程度の記述にしておくべきなのである。
結束が強かった我が隊の場合、幸い度を越した揉めごとや事故は一切なく、むしろ目標に向かって粛々と事をなしたと断言できるので、腹を探られても痛くはない。頂上に立った田中・尾崎両隊員の活躍は称賛に値するが、それは背景に全隊員の協力と団結、力の結集があってこそであり、今の流行《はやり》でいうワンチームで大自然から奪い取った栄光なのである。そう自負しているだけに、勝利に水を差すような批判やごたごたは、誠に残念である。事実、そうした後日の経緯で隊を離れた者もいたからだ。

この報告書を作成したのは、原さんである。内容の精査もすべて、原さんが行った。浅見が編集を手伝っているが、他の隊員は係の報告と個人の手記を執筆しただけで、編集作業には一切タッチしていない。なぜ原さんは、後に不和や禍根を残すかもしれない子細についてまで、公式の報告書という形でわざわざ残したのだろうか。誰一人として力を抜く者もおらず、みんなでつかんだ勝利なのだということを熟知しているはずの原さんなのに。その真意は、今となってはもう知る由もない。

私が、多くの若者たちとともに青春を燃やした、あのマカルー登山。それは結局のところ、原 真という男に始まり、原 真で終わったのであろうか。

マカルー登山についての私の回想は、これで終える。

会社の経営に大きく携わる身となった今の私へ、関係先の方などから、よくこう質問される。マカルーでの体験も含め、あなたにとっての山の経験は、会社経営に役立っていますか、というのだ。それは『役立っています』という答えを期待する質問なのであろう。だが私は、役に立ったような気もするし、大して役に立たなかった気もしますと、ぶっきらぼうに答えることにしている。さらに、山登りと会社経営は全く別モノなのだから、『山はしょせん、遊びですよ』と加えるのだ。

でも、確かに言えることが一つだけある。

山は、そしてあのマカルーは、私の青春のすべてを燃やし尽くしてくれた強烈な体験だったことに間違いはない。きっと、あの計画に携わったすべての若者が、同じ思いに駆られたと私は信じている。

そんな当時のマカルー隊員たちも、今や半数以上が鬼籍に入ってしまった。私の旅立ちも、きっとそう遠くはないだろう。そのとき私は、彼らみんなとあの蒼い霊峰の頂に腰をかけて、チャンやロキシー片手に、いつまでもマカルーの、あの冒険の懐古談に耽っているはずだ。

特にあの人には、聞いてみたいことがいっぱいある。

第二部
私と山、若き冒険の日々と山岳会

グリーンランド紀行

「グワーン ミシ ミシ ミシ。グワーン ミシ ミシ ミシ」

鈍い音が船底をゆすぶり続ける。パックアイス（流氷）群に突入してからもう三日目なのに、目的地のアンマサリックに着く気配がない。船は、氷の薄いところを見つけながら北へと進む。時々、後部甲板に積んであるヘリコプターが、進路の偵察のために飛び立っていく。甲板では、元気の良いグリーンランダーの子供たちが、久しぶりの里帰りではしゃぎまわっていた。ここは北大西洋の北端、北氷洋の真っただ中である。

ノルウェー船籍の砕氷船『ネラ・ダン号（二二〇〇トン）』には、我々登山隊の六人の他に、里帰りの子供たちや、本国から仕事に出かけるデンマーク人、それに我々と同じく、グリーンランドの山登りを目指すスイスの登山隊が同乗していた。

氷海を行くネラ・ダン号（2,200トン）

一九六六年五月二〇日、日本大学第二次グリーンランド遠征隊を乗せたソ連船『バイカル号』は、日本海を隔てたナホトカに向けて横浜港を出港した。出港に際しては、山岳部の関係者や学部の同級生のほか、会社関係、そして家族など大勢の人々の見送りを受けた。

隊長に中島啓（三〇）、隊員は池田錦重（二七）、五月女次男（二七）、神崎忠男（二五）、三好勝彦（二三）、そして私こと尾上昇（二三）の六人である。全員が日大山岳部のOBであり、私は大学をこの春に卒業したばかりであった。

昨年の一次隊は、目的のグリーンランド第二の高峰マウント・フォーレル（三三六〇メートル）の登頂に失敗している。一次隊にとっては、何もかもが初めての経験であったので、すべて手探りで事を進めなくてはならなかった。準備不足は否めなかった。

日大は、日本人の誰もが顧みず、踏み入らなかったこのグリーンランドの山を、わざわざ選んだ。というのも、一次隊の中心メンバーであった宮原　巍や池田錦重らは、当初ヒマラヤ登山を計画していた。それが例のヒマラヤ登山禁止令により断念せざるをえず、そこで替わりに矛先をグリーンランドに向けたのだ。そのあたりの経緯と思いを、報告書に池田さんが述べている。

「……（略）それから我々は、しばらくの間地図上の未知の山岳を追ってさまよわなければならなかった。北米・南米・アフリカと様々な大陸の上をさまよいたどったが、そこはヒマラヤと同様政治上の理由で入れなかったり、簡単に入れる地域にはすでに我々の同胞が入り活躍していた。我々にとって二番煎じは快いものではなかったのである。結局、高さこそ劣るが高緯度の島、グリーンランド、バッフィン島、スピッツベルゲンなど、自然条件の最も厳しい極地の山々が恰好の目標として挙げられ、中でも当時のアルパイン・ジャーナルなどに外国隊の活動が盛んに紹介されたグリーンランドに注目した。調べてみると、（略）……」

この文章の中に、彼らをグリーンランドに向かわせた動機を記しているフレーズがある。『二番煎じは快いものではなかったのである』という部分だ。

マカルーの項で前述した通り、当時ヒマラヤ登山禁止令を受けて、日本人登山家は世界の山々に散ったが、極地に目を向ける者は誰もいなかった。難易度に差こそあれ、彼らが目指した先はほとんどが同じであった。アンデス、ヨーロッパアルプス、コーカサス、ヒンズークッシュなどである。

山登りが人を惹きつける大きな要因に、未知への憧れがある。誰も行ったことがない、誰も知らない、その秘密の扉を開け、その未知を明らかにする喜びである。二番煎じは未知とは言わない。人跡未踏のピークに足跡を刻むことにこそ、意味があるのだ。

グリーンランドは、北極海と大西洋の間にある、世界一大きな島である。デンマーク領だが自治権が与えられており、面積は日本の約六倍におよぶ。南北二五〇〇キロ、東西の一番広いところで一〇〇〇キロあまり。ちょうどサツマイモを縦にしたような形をしている。島の六分の五は厚い氷床で覆われており、しかも中央部の最も高いところは三〇〇〇メートルを越すという、いわば氷漬けの島だ。

そんな氷に覆われた島なのに、『グリーンランド（緑の島）』などと真逆の名前が付けられたのには、実は歴史的な理由がある。一〇世紀ごろ、アイスランドに通称『赤毛のエイリーク』と呼ばれた、ヴァイキングの末裔らしき男がいた。彼は罪を犯して国を追われ、放浪の末に今のグリーンランドを発見する。そしてほとぼりが冷めて国に戻ると、西の海に緑に覆われた豊かな島（グリーンランド）を発見したと偽り、入植者を募った。

その言葉に騙されて、北欧地域から多くの人々が入植したが、あまりに厳しい自然に次々と撤退してしまい、一五世紀ごろには同時期に入植したわずかなイヌイット（エスキモー）だけが残ったという。現在、残った人たちの子孫はグリーンランダーと呼ばれ、およそ五万五千人（現人口）がこの広い島に点在して暮らしている。

ここからはそんな氷に覆われた島、グリーンランドに登山隊を派遣した日本大学第二次グリーンランド遠征の私の紀行の綴りである。

登山の対象となるエリアは、北緯六六度から六七度にかけての、東海岸から幅一五〇キロばかりの間の山岳地帯である。スターニングアルプスと呼ばれ、標高三〇〇〇メートル前後の山々が連なっている。この山群の中に、我々が目指したグリーンランド第二の高峰マウント・フォーレルが聳えている。

日本には、グリーンランドの山々を知る登山家は誰もいない。対してヨーロッパの登山家は地理的に近いことから、以前から多くの登山隊が入っている。我々も山中で、イギリスのインペリアル工大のパーティに会っているし、ネラ・ダン号ではスイス隊と一緒であった。しかしながらマウント・フォーレルは一九三八年、アンドレロック率いるスイス隊が初登頂しているが、それ以後は誰にも登られていない。マウント・フォーレルは、スターニングアルプスの最深部にあることから、ここまで入ってくる登山隊は少ないのだ。そのためこのエリアには、まだ誰も手を付けていない山々が、たくさん残っていたのである。

ほとんどが、手付かずのままのヌナタック群

まずは、グリーンランドに上陸する前に、現地までの旅の様子から入ろう。

横浜港を出港した我々は、バイカル号で海路二日を経て、ソ連（現ロシア）極東の港町ナホトカに入港。そこからシベリア横断鉄道の起点となるハバロフスクまで、夜行列車一日を乗り継いだ。閑散とした港町のナホトカにくらべて、ハバロフスクはソ連極東地域第一の都市だけあって、ビルも建ち並び都会らしい雰囲気が漂っていた。

当時、ヨーロッパに向かう日本

人の多くがここからシベリア横断鉄道を利用しており、モスクワ経由でヨーロッパの各地を目指したのだ。飛行機と違ってどんなに急いでも一〇日以上かかるのに、それでもシベリア横断鉄道を利用する理由は、空路に較べて運賃がはるかに安かったからである。特に我々のような登山隊には、装備など大量の荷物が持ち込めることも都合がよかった。

私はモスクワまでの七日間の列車の旅など、退屈に違いないと予想していた。ところがそもそも海外が初めてで、見るもの聞くこと全てが珍しく、あっという間の一週間であった。

最初に奇異に感じたのは、我々が入れられた列車のコンパートメントである。四人部屋なのに二人ずつで、しかも三輛に分散させられた。各コンパートメントは二人のロシア人との相部屋になる。普通ならグループなので四人一緒の一室と、となりの室に二人であろう。これは、東西冷戦下の日本人への監視措置の一つで、嫌な気分にさせられた。一般の日本人をそこまで警戒する必要性はなかろうに。ただホッとしたのは、相部屋になったロシア人がみな、一般の乗客であったことだ。終点のモスクワまで行く人は少なく、旅の間に様々な職業の人たちが、入れ替わって

横断鉄道の車掌さんと親しくなる

新緑のモスクワ川

いる。

神崎さんのいたコンパートメントに途中から乗ってきたソ連軍下士官は、底抜けに明るかった。朝から豪快にウオトカを呷《あお》る。相部屋だから付き合わされる。アルコールに弱い神崎さん、たちまちダウン。

また、車輛ごとに配置されている若い女性の車掌さんとも仲良くなった。初めはぎこちなかったが、若者同士なのですぐに打ち解け、簡単なロシア語と日本語を教え合ったり、ロシア民謡を一緒に歌ったりした。すれ違うたびに見せてくれる笑顔が、とても可愛らしかった。

食事は三回とも、列車の食堂車で摂る。ウェイトレスのおばさんとも親しくなった。私はどうしても目玉焼きが食べたかったので、それを絵に描いて、ロシア語で何と言うのかを教えてもらった。目玉焼きは「イヤイーッニッア」というのだ。朝食の時は、私はいつも彼女に「ドブレウートラ、イヤイーッニッア、アジン（おはよう。目玉焼き一つ）」というのがあいさつになった。

車窓から眺めるロシアの大地は広い。地平線が霞むような大草原やタイガ（針葉樹の大森林帯）の中を何時間も走ったかと思えば、バイカル湖畔では同じ景色がずっと何時間も淡々と続き、まるで海のようだった。一方で一日に数回ではあるが、駅に停車もする。列車が駅に近づくと、ぽつりぽつりと農家が散らばる農村風景になる。時には物資の補給に一時間ほど停車するので、我々はデッキから降りて軽い体操をする。私のコンパートメントで一緒になった中年夫婦などは、到着の前日から「モスクワ、モスクワ」とそわそわしており、こちらもつい慌てて下車の準備をしてしまった。聞けば、一生に一度のモスクワ見物らしく、嬉しくてはやる気持ちを抑えきれないのだ。

そして、列車はいよいよモスクワに到着。初夏のモスクワは、爽やかであった。もっと寒いイメージだったが、日本とあまり変わらず、市内を流れるモスクワ川のほとりでは、柳の新緑が風に揺れていた。最初こそ戸惑いもあった列車の旅は、終わってみれば楽しく、貴重な体験となった七日間であった。ロシア人たちはみな屈託のない明るさで接してくれ、日本人への警戒心や偏見など微塵もなかった。モスクワで我々は二日滞在し、東欧圏へのトランジットビザを取得した。

モスクワからデンマークの首都コペンハーゲンまで、また鉄路である。途中、真夜中に東ベルリンの国境で停車した。すると、自動小銃を担いだ二人の若い兵士が乗り込んできて、私はギョッとして身構えてしまった。彼らは乗客の一人一人に、身分証明書の提示を求めた。検問である。我々のパスポートの写真と顔を見較べるその冷たい目つきに、私は不気味さを覚えた。下車ではなく通過するだけなのに、この大仰で馬鹿げた検問は、当時の分断されたドイツの厳しい現実を物語っていた。

二日後、我々はコペンハーゲン駅に下り立つ。横浜を出港してから実に十四日目であった。ソ連や東独の何となく重苦しい空気から解放された気になって、何もかもが明るく鮮やかに感じられた。

コペンハーゲンには二週間滞在した。二ヶ月におよぶグリーンランド遠征で必要になる、装備や食糧の買い付けである。食糧のほとんどはここで調達し、併せてグリーンランドへの渡航手続きも行った。

我々が市中で買物をしていると、「日本人か」と声をかけられた。中年の男性と、我々と同じ年ごろの若者という二人づれであった。彼らは、日本陸連強化コーチの帖佐《ちょうさ》寛章さんと、順天堂大の澤木啓祐君であった。ヨーロッパ各地を転戦中であり、澤木君は当時、日本の中・長距離のエースであった。武者修行である。近くのカフェテラスでお茶をご馳走になり、同じアスリート同士の思わぬ邂逅に、束の間のスポーツ談義となった。私は、コーラを注文。澤木君はミルクであった。私がタバコを吸い出すと、帖佐さんに「山登りはタバコいいのか。陸上選手にはタバコ厳禁。たちまちタイムが落ちる、またコーラもよくない、アルコールもダメ」と言われてしまった。思わず肩身が狭くなる。

昼間は忙しいが、夜は時間が空く。夕食を兼ねてのチボリ公園通いは、すっかり我々の定番コースとなった。チボリはコペンハーゲン名物の遊園地で、レストランや屋台が軒を連ね、乗り物や遊具、射的やボールの的当てなどのゲームや、広場の大道芸などでいつも賑わっていた。北欧は高緯度なので、夜が長い。それを大人も子供も、みんなが楽しんでいるのだ。私もジェットコースターを初体験したり、野球の経験を活かしたボールの的あてで喝采を浴びたりと、楽しい時間を過ごした。

二週間も滞在したので、コペンハーゲン中心部の地理をほぼ掌握した。チボリからホテルへの帰りは、いつも歩いた。距離はあったが、タクシー代がもったいないのである。

ヨーロッパの街で裏通りを歩くなら、気を付けなければならないのは犬の糞である。表通りにはみかけないが、一本裏に入れば一メートルごとに点々と置きみやげである。ホテルに帰る途中で、私は二度も踏んづけてしまった。あのグニュリとした、靴底を通して伝わってくる感触に加え、その不愉快な後始末は一気に酔いを覚まさせる。思い出しても悪寒が走る。遠征の終わった後、各自がヨーロッパの各地を旅したが、私はパリのシテ島の裏通りでもやってしまった。

北　極　圏

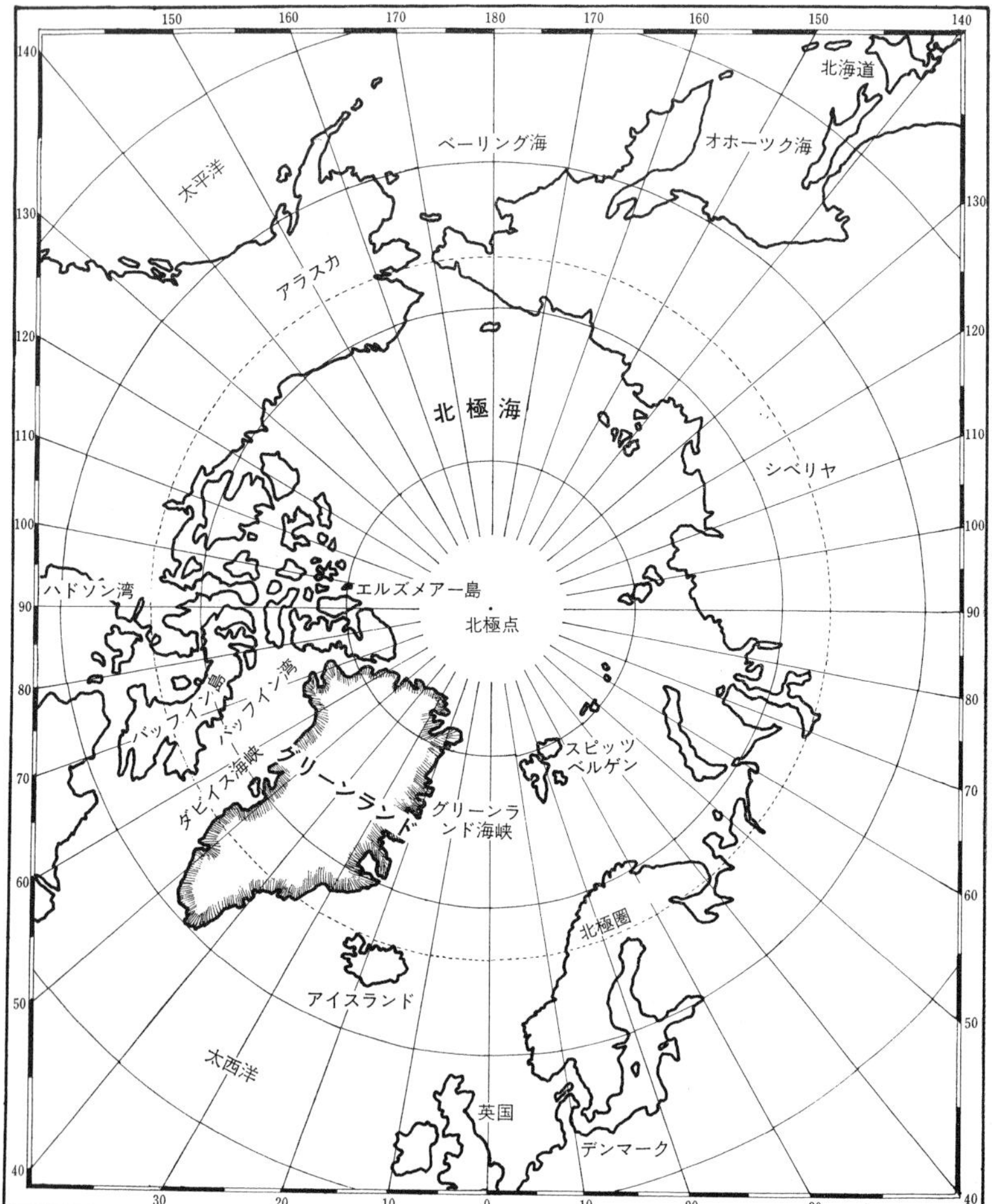

150
160
170
180
170
160
150
140
140
130
120
110
100
90
80
70
60
50
40
30
20
10
0
10
20
30
40
北海道
ベーリング海
オホーツク海
太平洋
アラスカ
北極海
シベリヤ
エルズメアー島
北極点
ハドソン湾
バッフィン島
バッフィン湾
ダビイス海峡
グリーンランド
グリーンランド海峡
スピッツベルゲン
北極圏
アイスランド
太西洋
英国
デンマーク

氷の大地、グリーンランドに上陸

我々が乗る『ネラ・ダン号』は、二日間にわたって氷海を行きつ戻りつした。私は、砕氷船がどうやって氷を砕いて前進するのか知りたくて、地元のグリーンランダーの子供たちと一緒に船首でその様子を見守った。

砕氷船の船首は、水面に対する角度が二〇～三〇度のナイフのような構造をしており、この船首を勢いをつけて氷に乗り上げるのだ。私はてっきり、砕氷船というからには氷を砕いて進むと思っていたが、船の自重と強固な船首で、下敷きになった氷を押し割るのである。また前部のタンクに急速に水を送ることで、船首が氷を割る力をより強くする機構も備えている。

船はグリーンランド東部に位置する、アンマサリックの港に到着した。今夏初めての船の接岸ということで、それを待ちわびた地元の人々が、岸壁に鈴なりになって総出で出迎えてくれた。アンマサリックは、グリーンランダー、デンマーク人を

アンマサリック港。大勢の人達の出迎えをうける

含めた住人七五〇人あまりが暮らす、小さな集落である。主に漁業で生計を立てているが、デンマーク本国の手厚い庇護下にある。我々はテントを、部落の外れの小川のほとりに張った。いよいよ、グリーンランド奥地に向かうための最後の準備である。荷物を、現地まで橇《そり》で移動する分、マウント・フォーレルの周辺での登山活動用、そして帰りの分の三つに分けた。

そこへ、船で親しくなったグリーンランダーの少年たちがやってきた。船の中で毎日顔を合わせていたので、すっかり仲良くなり、私は彼らの口ずさむグリーンランドの国歌に興味を持ったので、教えてもらった。ここが自分たちの国であるという強い誇りを彼らに感じた。

その少年たちが、魚釣りに行かないかと誘ってくれた。私は物資の仕分け作業中だったので、三好に行かせた。二～三時間ほど経って、三好は腕ほどの太さの鱈を五～六匹ぶら下げて帰ってきた。旨そうである。なんでも手漕ぎボートでフィヨルドを五〇メートルほど沖に出れば、蛸に似せた疑似餌鉤で簡単に釣れるのだそうだ。さっそくご馳走になるが、おかげで三食オール鱈ざんまいである。みそ汁に鱈、鱈のカレー煮込み。鱈の甘露煮に鱈の塩焼き。それでも六人では食い切れなかった。これが本当の『たら腹』である。

荷分け作業も終わって少し時間が空いたので、私は神崎さんを誘って周辺の散策に出かけた。残雪が斑模様を描き、手つかずの自然がどこまでも続く苔や地衣類に覆われた大地をあてもなく歩く。二～三時間ほど歩いただろうか、私たちは小高い丘の上に登った。眼下には、氷河湖が広がっていた。四周が見渡せるので、たいして大きくはない。湖というより池だろう。

グリーンランド国歌

「祖国よ、汝はいと星霜重ねり」

作曲　ヨナタン・ペテルセン

作詞　ヘンリック・ルンド

尾上京子採譜

1.

Nunarput, utoqqarsuanngoravit niaqqut ulissimavoqq qiinik.

Qitornatit kissumiaannarpatit tunillugit sineriavit piinik.

2.

Akullequtaastut merletutut ilinni perotugut tamaani

kalaallinik imminik taajumavugut niaqquit ataqqinartup saani.

腰を下ろして水面を見ていると、その水際の縁が五センチぐらい、真っ黒な帯状になってどこまでも連なっている。不思議な光景である。水際にだけ、黒い藻が繁茂しているのだろうか。それにしても、苔や地衣類ばかりの土地で藻類が群生するとは珍しい。それを確かめるために湖面へ下りてみると、何やら藻がかすかに揺れ動いている。そして水際の砂地に一歩足を踏み入れた途端、わっとその黒い帯が一斉に散り、あっという間に消えてしまった。じっと水面を見ていると、数メートル先に大きな魚が五～六匹泳いでいる。恐らく陸封された鱒の仲間で、あの黒帯は温かい水際に暖を求めに集まっていた稚魚の群である。それにしても、おびただしい数である。釣り竿を持って来なかったことを悔やむほどに、不毛に見える氷の島にも豊かな自然が存在することを示していた。

六月三〇日、アンマサリックを発つ。小船の汽船『アイナミケルソン号』に乗り、フィヨルドの奥にあるクンミュートの集落に向かう。そこからさらに、手漕ぎボートでシオラリックの上陸地点に接岸すると、いよいよ我々だけの世界になった。しばし文明社会とはお別れである。

海岸の上陸地点から、総重量六六〇キロの荷物を二日がかりで氷河の舌端に上げる。そしてここを起点に、一ヶ月にわたる橇旅行がはじまった。ヒマラヤ登山とは違い、ポーターやシェルパなどいない。すべて自分たちの手と足が頼りだ。荷物の重量は、一人あたり約一〇〇キログラム。これでも制限に制限を加えたギリギリの数字である。

フォーレルのふもとのBCまで、直線距離でおよそ一五〇キロ、歩く距離は二〇〇キロメートルを超える。例えるなら名古屋から静岡までを、家財道具と食糧・燃料など一切合切を大八車に乗せて往復するようなものだ。これらを橇ではなく担いで歩いたら、三倍の日数がかかるだろう。

極地の橇といえば、犬橇が定番だ。しかし我々の場合は登山が目的なので、犬橇ではフォーレルを含む周辺の登山の間、余分に犬の餌が必要になる。かえって不経済である。さらに道中には、迷路のようなクレバスや犬橇ではとても越せない峠が数ヶ所ある。山岳地帯での犬橇は、不向きである。我々のソリは人間が曳くので、人曳き橇と呼ぶ。

橇は長さ二・四メートル、幅六〇センチのものを自前で製作し、二台を持ち込ん

1965年型

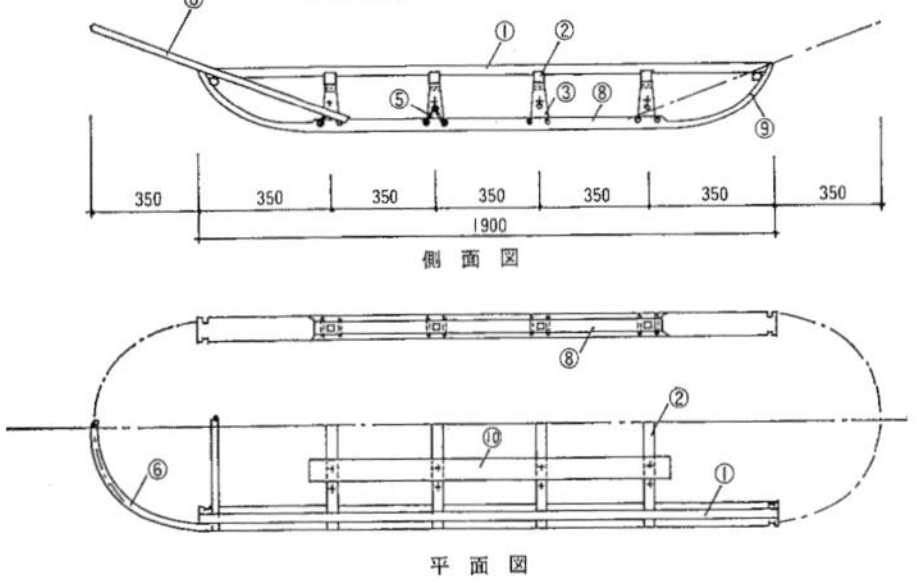

1965年型のスペックは1966年型の後に記されている。

1966年型　〈自重17kg　最大積載重量300kg〉

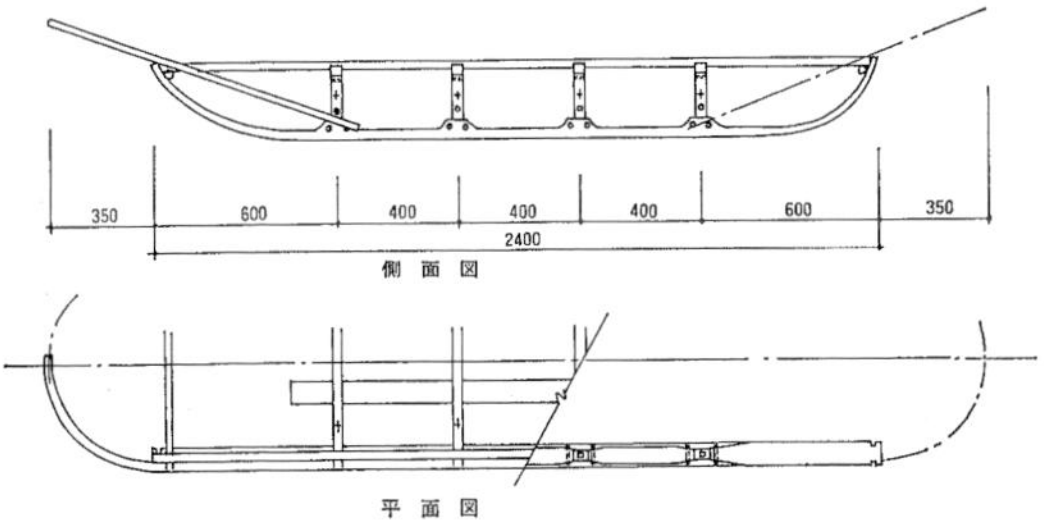

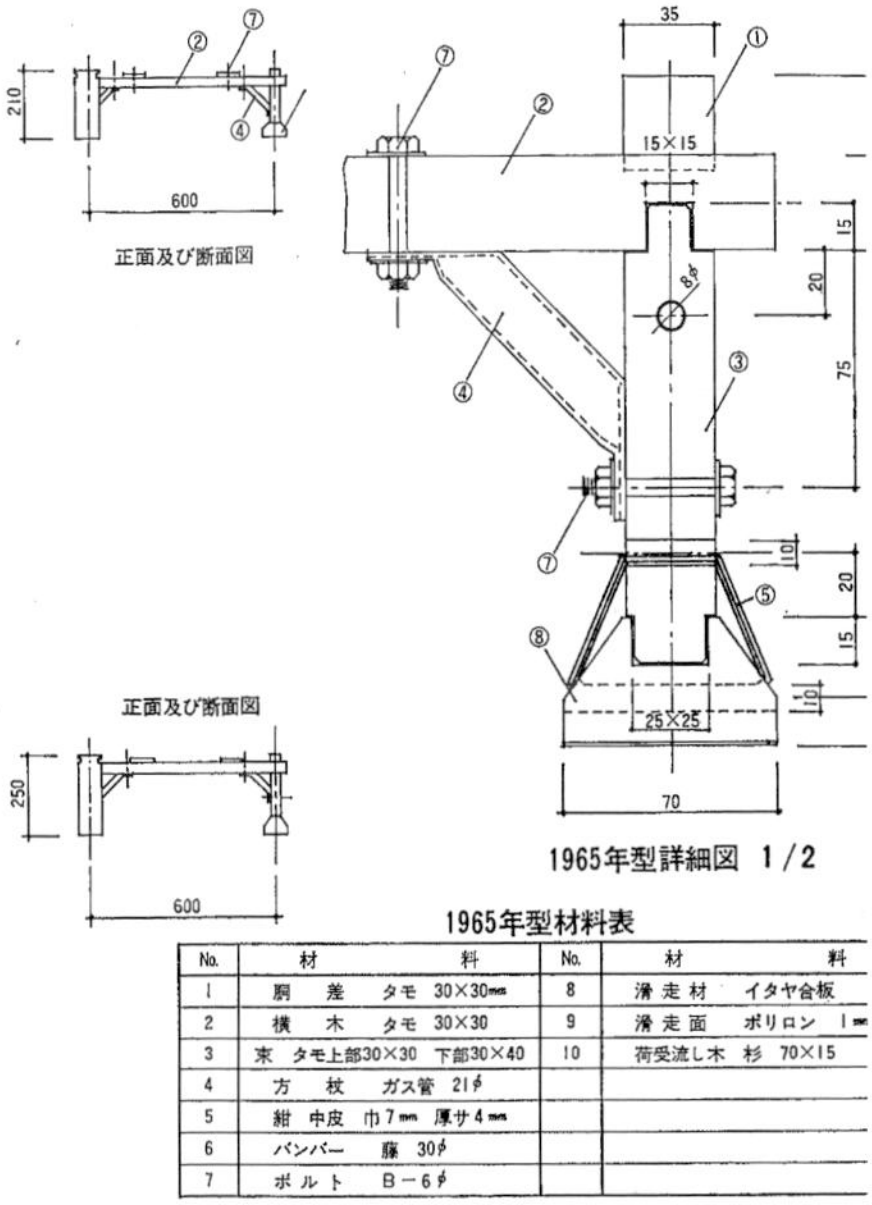

1965年型詳細図　1/2

1965年型材料表

No.	材料	No.	材料
1	胴差　タモ　30×30㎜	8	滑走材　イタヤ合板
2	横木　タモ　30×30	9	滑走面　ポリロン　1㎜
3	束　タモ上部30×30　下部30×40	10	荷受流し木　杉　70×15
4	方杖　ガス管　21φ		
5	紺　中皮　巾7㎜　厚サ4㎜		
6	バンバー　籐　30φ		
7	ボルト　B－6φ		

橇設計図（1965—1968）
〈自重15kg　最大積載重量300kg〉

だ。幸いなことに、日本の南極観測隊が持ち帰った実物の橇が文部省（現文科省）の倉庫に保管されていたので、これを参考に第一次隊が設計し製作している。この日大型橇を設計したのは、隊員の一人で一級建築士の池田さんであった。橇単体の重量は十四キログラムで、外国製のものは重量三〇キログラム前後、長さ五メートルであることから、世界一軽い。しかしその反面、強度に不安が残っており、実際に途中で大切なベンド（先端の反り部）を折損するトラブルに見舞われ、計画断念も考えざるを得ない大ピンチを招いている。だが軽いだけに扱いやすい利点があり、後日に日本の南極観測隊が、日大型を参考にして観測隊用の橇を製作したと聞いている。

我々は二台の橇をロープで連結し、いよいよグリーンランドの雪氷原に一歩を踏み出した。

前の橇に四人、後の橇に二人が付く。そしてお互いがアンザイレン（ロープを結び合うこと）する。これは、クレバスへの転落防止など安全確保のための二重の処置でもある。

行く手を阻むクレバスには二種類ある。口が開いている普通のものと、雪に覆われていて隠れているヒドンクレバスである。クレバスは、落ちたらまず助からない。深くて中は真っ暗で底が見えない。助けようがないのだ。厄介なのがヒドンクレバスである。

　氷河は僅かずつだが動いているので、その流れの歪みでしわができ、氷が割れてできるのがクレバスであり、谷に沿って水平方向に発生する。口が開いていれば目視できるのでめったに転落しないが、橇曳きの先頭だった私は、よくヒドンクレバスに落ちた。橇を曳いていると、何の前触れもなく足もとが崩れ、突然体がクレバスに引きずり込まれる。橇綱とアンザイレンの二重の安全処置のおかげで、腰のあたりでガクンと止まるのだが、体は完全に宙吊り状態になり、目の前にぽっかりと、底の見えない真っ暗な穴が現れるのだ。怪しいと思われる場所では、ゾンデといってピッケルを雪面に差し込んで確認しながら進むのだが、それでも落ちてしまう。まるで落し穴だ。次第に慣れたが、あの落ちた瞬間の恐ろしさに慣れることはなかった。

　橇を曳きはじめて三日ほど経ったころだろうか。ようやく橇の扱いにも馴れ、隊員の五月女さんが、十六ミリカメラで撮影中のことであった。彼は日本テレビから

番組制作用のフィルム撮影を委嘱されており、私の四学年上の先輩で、池田さんと同期である。

　橇曳きの様子をカメラに収めようとした五月女さんは、一〇メートルほど橇を離れこちらにカメラを向けていた。その時である。彼の体が音もなく、するするとカメラを構えたままの姿勢で、我々の視界から消えていった。それはまるで、スローモーションフィルムを見ているようだった。すぐにヒドンクレバスに落ちたのだと分かり、全員に戦慄が走る。すぐさま池田さんがザイルを掴み、匍匐前進で彼が落ちたヒドンクレバスに向かった。五月女さんの消えた穴を覗き込むと、二メートルほど下の裂け目がそこだけ狭くなっている部分に、運よく引っかかって止まっていたのだ。ザイルを投げ込み、身体を結びつける。後は、全員で力任せに引き上げて事なきを得た。本当に運がよかった。

　まだ本格的なクレバス帯に入っていなかったので、橇から離れる時も絶体にアンザイレンを解かないという鉄則を、つい油断から忘れてしまったのである。我々もカメラに気を取られ、誰も注意しなかった。以降は二度と同じ過ちを繰り返さないよう徹底した。そのため休憩時の用足しの際も、アンザイレンのまま皆の前でやることになった。

橇は、氷結した雪面を滑らせる。橇には一人平均一〇〇キログラムの荷物が積まれているが、最初にピッケルを踏ん張り棒がわりにして、掛け声とともに腰にぐいっと力を入れて曳く。そしていったん動き出すと、あとはそれほど力を入れなくても、抵抗（摩擦）がほとんどなくなることから楽に曳くことができる。橇の最大の利点である。

逆に気温が高く、雪面が凍っていないと大変である。ある時、日程の遅れを取り戻すため無理して気温の高い中を出発したところ、橇が雪に沈んで雪を食い、全く進まず徒労に終わってしまったこともあった。

橇を曳いての移動は、昼夜逆転のサイクルになる。夕方、日が陰り出すころに起きて朝食を食べる。そして日が沈みテントを撤収し出発するころ、気温はマイナス五、六度ぐらいまで下がる。それまで腐って（融けて）いた雪面が凍結することで、橇は白夜のなかを快調に滑るのだ。朝日が顔を出すと再び雪面も融け出すので、橇はストップ、その日の行程が終了する。我々は一日およそ一〇時間の行動をベースとした。何の障害もなく快調に飛ばした時は、二〇キロ超を稼いだこともあった。

一日が終わるとテントを張るのだが、その前にもう一つ、やるべきことがあった。全員でアンザイレンしたまま、竹竿で周辺をゾンデし、ヒドンクレバスがないかを確認するのである。そしてテントの周囲を竹竿で囲って、初めてザイルを解く。この囲った中は、クレバスのない安全地帯というわけだ。

夕食を食べて眠りにつくのだが、テントの中は直射日光で熱気が籠もり、思いのほか暑い。そのうえ明るいので、裸同然にアイマスクという変な恰好で寝るのである。日が陰ると急に冷えるのだが、無意識のうちにちゃんとシュラフにもぐり込んでいる。全ての行動があべこべである。

白夜とは、真夜中の時刻になっても暗くならない現象のことである。その逆が極夜だ。我々のいる北極圏では夏至の前後にみられ、同様に反対側の南極圏では冬至のころに起こる。ちなみに極圏の定義は、一年に一度も太陽が地平線に沈まない日、あるいは昇らない日が現れるエリアのことである。北緯、南緯それぞれ六六度三三分の以北と以南である。

五月から七月にかけてのグリーンランドは、その白夜の真っただ中だ。二四時間明るいので、体力の続く限り何時間でも行動でき、登山には好都合である。

苦しい峠への荷上げ
（ボッカ）に励む著者

白夜の中の橇旅行。著者が先頭

話は逸れるが、森繁久弥が作詞作曲した『知床旅情』に、「はるか国後に白夜は明けぬ……」という一節がある。しかし、国後島程度では白夜と呼ぶのには緯度が低すぎるため、正確さを期すなら遅日《ちじつ》になる。「遅日は明けぬ……」、これでは語感が悪いし、ロマンも感じられないので良しとしておこう。

橇を曳く我々は山岳地帯に差しかかった。遠回りを避けるため、一時橇を止めて、徒歩で峠を越える。七月十五日、カレラス氷河を詰めてセプテンバー氷河に下ることにした。峠へは、氷と岩まじりの崖になっていたので橇では上れない。一転ボッカ（荷担ぎ）である。峠の直下が急峻だったのでザイルを張った。この峠への荷上げも苦しかった。三往復の二十四時間連続行動であった。これも白夜を利しての強行軍だ。

橇の旅も後半に入ると、天候も安定しはじめた。ただ、山岳地帯の氷河は荒れていてクレバスだらけで、旅のテンポが遅くなる。さらにこの行程で最大の氷河、ミドガード氷河に突入した。五つの氷河が集まってできた幅二〇キロの巨大氷河には、ズタズタのクレバスが白黒模様に入り組んでいる。あたかも大蛇がのたうち

ミドガード氷河のクレバス帯。白く見えるのがクレバスの縁

回ったような、まさに奇勝というべきもの凄い景観である。氷河を俯瞰するとちょうど魚網のようであり、網の目の部分がクレバスにあたり、その網の糸の上を橇で進むようなものだ。先頭の私は、恐ろしくて一歩がなかなか踏み出せなかった。出口のない迷路に迷い込み、二度と戻ってこられない錯覚に襲われる。

私のルートファインディング（正しいルート選び）の技量が試される。クレバスの網目を縫いながら、上流へと向かう。右往、左往、夢中でルートを探るのだが、

あたりの景色が一向に変わらない。私はこの迷路から本当に脱出できるのか、しだいに不安が募っていった。

橇は、行動に五〇分、休憩に一〇分の一時間ペースをきっちり守る。この氷河の中で何度目かの休憩をした時のことであった。疲れた体を橇にもたせかけ、前方に目をやると、クレバスを挟んだ向こうの氷床の上に、何か紙切れのようなものが落ちているのを見つけた。こんな氷河のど真ん中に紙切れである。どこかの登山隊が落としていったものだろうか。そろそろ人恋しくなっていたので、人間の痕跡に何となく嬉しくなった。

でもそれらしい気配など、これまでまったくなかったはずだ。私はもう一度、冷静にその紙切れを見詰めた。何とそれは、前回の休憩で私が落とした、キャラメルの包み紙であった。一メートルも前進していないどころか、クレバス一本分後退していることになる。落胆を通り越して、可笑しくなってしまった。

氷河の途中で、水の流れる川に出くわすことがある。一番大きかったのは、幅三メートル、深さ五〇センチぐらいの川で、ゆるゆると流れていた。氷河の上の川、何とも不思議な気にならないか。渡らないと先に進めない。橇の荷を濡らしてはまずいので、二人が腰まで水に浸かり、素早く渡す。想像したほど水は冷たくなかった。

私はこの川の流れの行きつく先が気になったので、空身でみんなと様子を見に行ってみた。五〇〇メートルほど川に沿って歩いていくと、突然、水の流れが消えた。直径三メートルほどの真っ暗な穴が氷河の上にぽっかりと空いていて、川はその中へ吸い込まれるように消えていた。そして奇妙なことに、これだけの水量が穴に流れ込んでいるというのに、近づいても何の水音もしないのだ。この辺りの氷の厚さは、一〇〇〇メートルを超えていよう。まるで自分たちまで吸い込まれそうな薄気味悪さに、早々にその場を立ち去った。ちなみにこの川、帰路には完全凍結していて、川になっていなかった。

我々一行は、最後の大きな氷河地帯フェムステルネンに入る。クレバスのないかわりに氷河の上は荒れていた。パドル（氷河上の水たまり）が昼間に溶け、日が陰れば凍るので、氷上に凹凸の激しい窪みができる。ところがこの凹凸に橇の先端をぶつけてしまい、一番大切なベンド（反りの部分）を折ってしまった。修理できなければこれ以上先へは進めず、計画放棄で退却である。もちろん満足な修理道具な

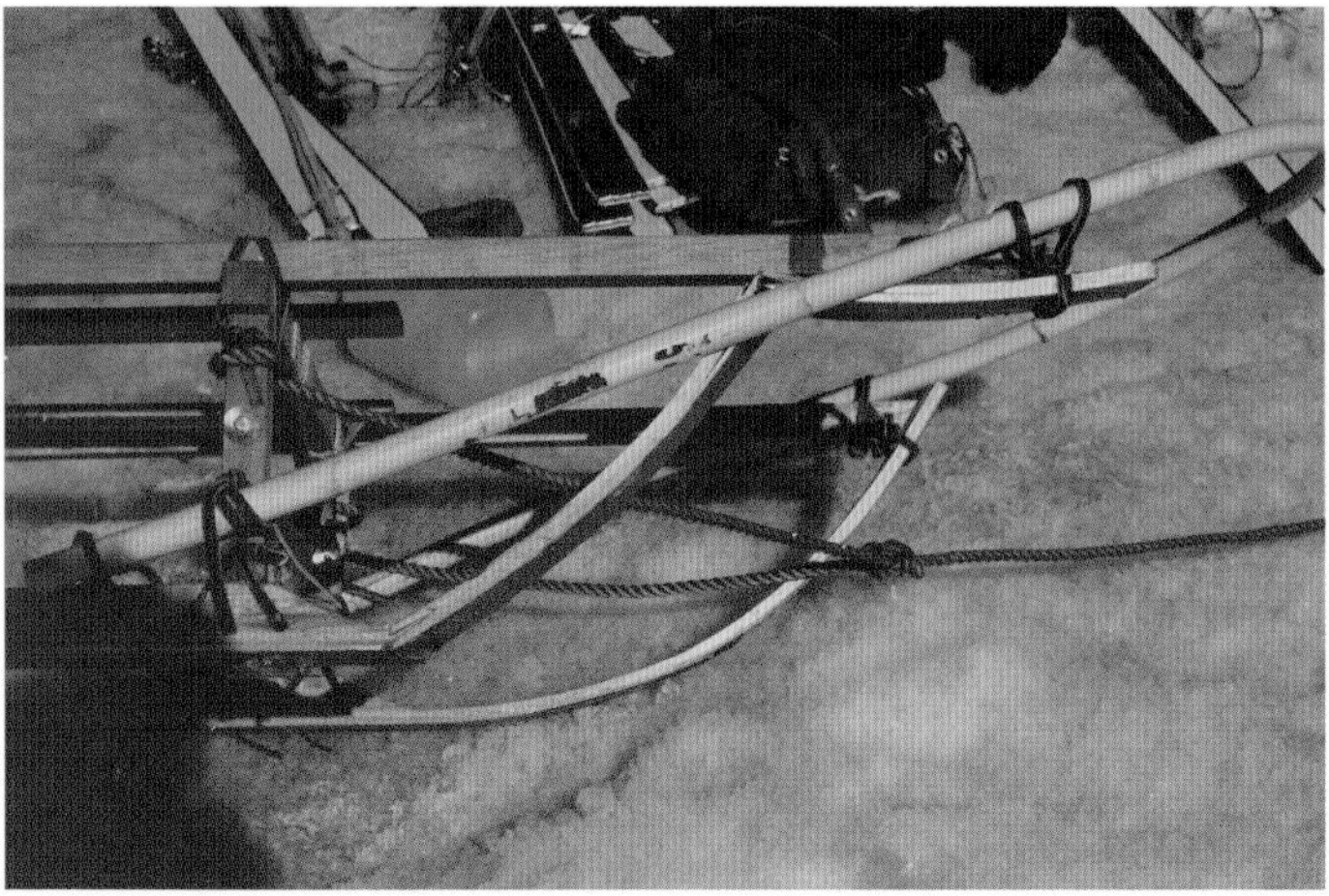

橇のベンドを破損する

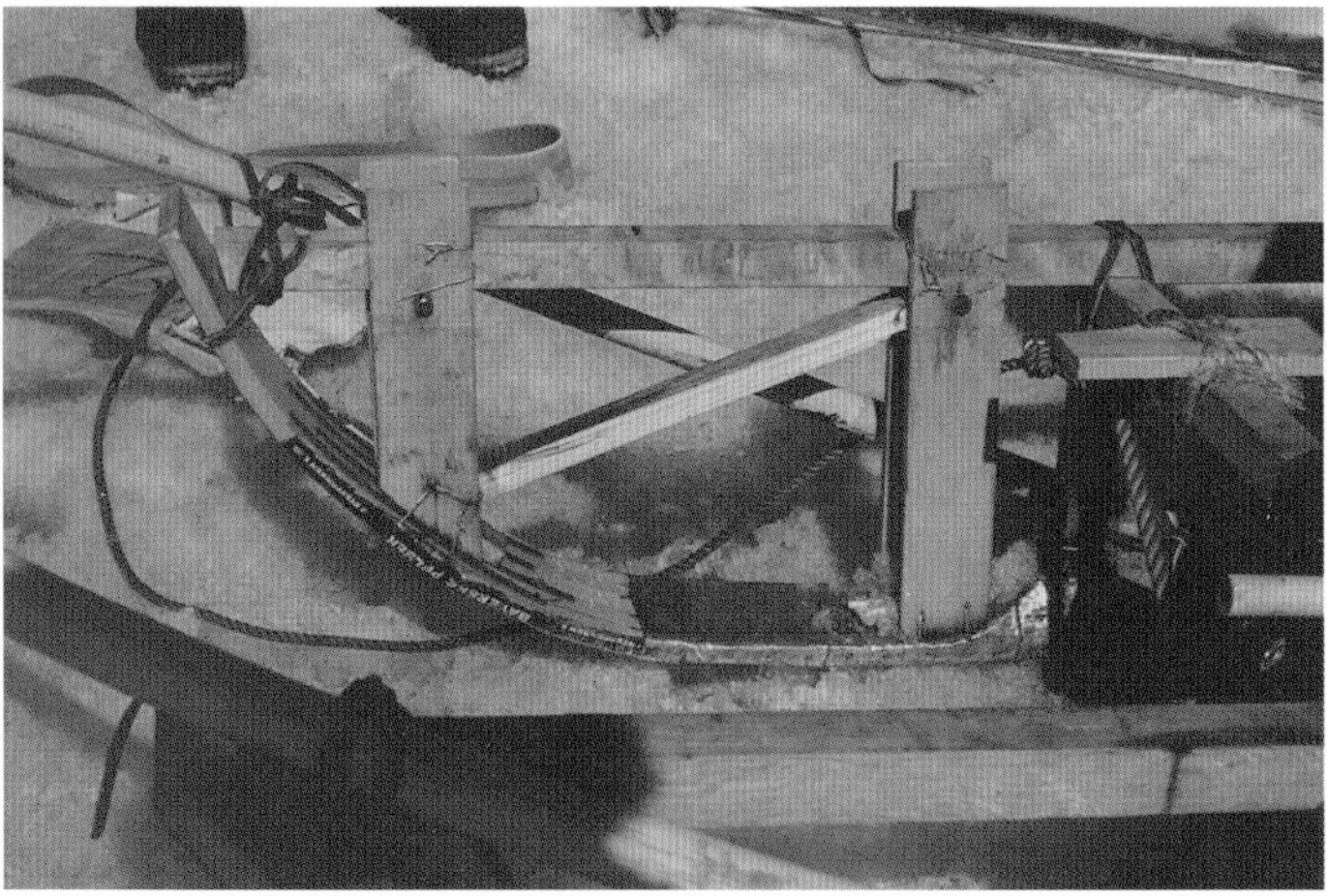

見事に修理された橇

どなく、私は茫然とした。ベンド折損はそれほど致命的なトラブルであった。

ところが、橇を設計した一級建築士の池田さんは、乏しい材料と道具を駆使して、一日かけて見事に修理した。まず、折損箇所にソーセージの空き缶をあてがい固定。次に荷台の杉板の一部を取り外し、それを橇の束柱を利用して、裏側からトラス構造にして折損部を補強した。修理具合は上々で、橇は最後まで過酷な旅に耐えた。生みの親ならではの見事な修理方法であった。

つい最近の話である。私のごく親しい一級建築士の友人が、私のオフィスを訪ねてきてくれた。ちょうどこの項を書いているところであったので、私は橇の折損事故を話して、折損した橇の写真と修理後の写真を見せてやった。じっと写真を見ていた友人は「これは凄い。こんな場所で乏しい材料と粗末な道具でよくもまあこんな修理ができたものだ。自分だったらとてもこんな芸当はできない」と大いに感心し、恐れ入っていた。

七月二五日、我々はついにフォーレル峰北面の山麓に辿り着き、ここをBCとした。シオラリックに上陸してから二五日目であった。

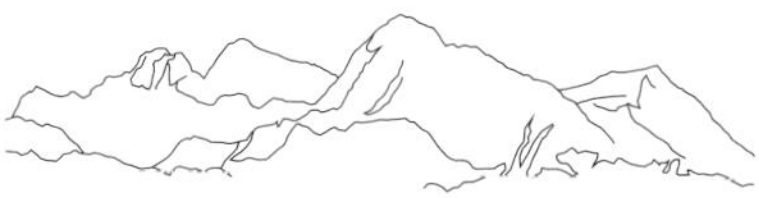

マウント・フォーレル登頂とヌナタックの登山

フォーレルのBCは、北にフォーレル山塊、南にアバンガーデン山塊に挟まれた、標高一五二〇メートルの氷床上である。ここからはフォーレル峰の頂は見えない。アバンガーデン山塊の主峰ピルツ（二九〇〇メートル）と、テーブルマウンテン（三〇〇〇メートル）の落差一五〇〇メートルに及ぶバットレスが、正面に腰を据えている。壮大な景観である。こちらは両峰とも未踏であり、フォーレルが終わったら登る予定になっている。

一日休養して、七月二七日の午前零時。BCを後にした我々は、いよいよ目的のフォーレルをアタックする。ルートは、昨年試登しているので迷うことはない。頂上から東に伸びている稜線にひとまず上がり、スノー・ドーム（二九〇〇メートル）、アイス・ドーム（三〇二〇メートル）と呼んだ二つの小ピークを経由して頂きに至るのだ。

フォーレル及びアバンガーデン山塊

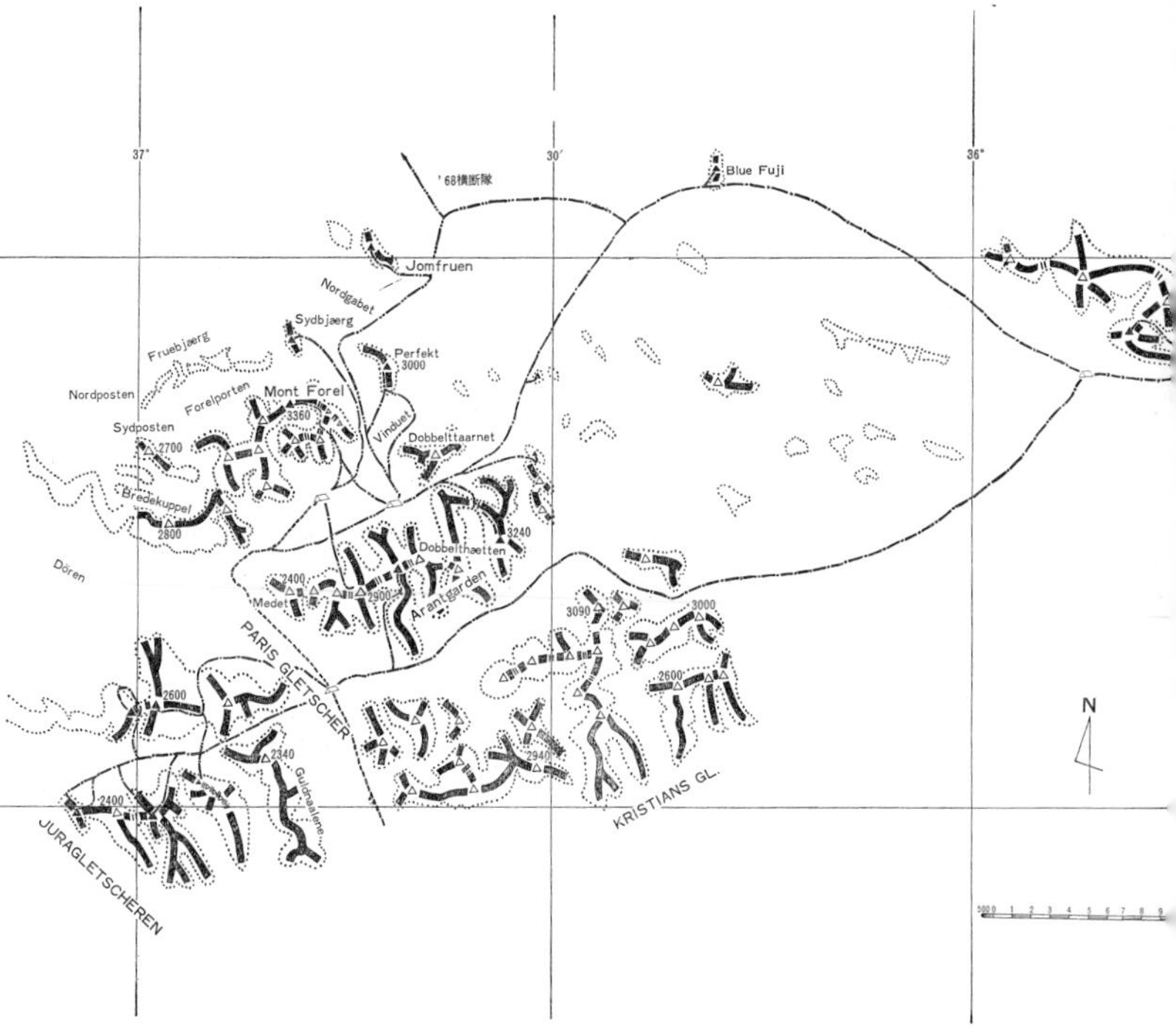

やっとフォーレルのBCに着いた。正面にテーブルマウンテンの落差1,500メートルのバットレスを望む

スノー・ドームに突き上げる谷に入る。シュー、シューと氷った雪面を擦るシール※(12)の音だけが、静寂の谷間にこだまする。傾斜がきつくなり、これ以上はスキーでは無理なので、スキーをデポしてピッケルとアイゼンに履き替えた。ここから池田・神崎、尾上・五月女、三好・中島の三パーティに分かれて、ザイルシャフトを組む。三時間で稜線に上ると、フォーレルの頂がアイス・ドームの向こうに姿を現した。

　スノー・ドームは、その名の通り丸いなだらかな雪のピークであった。その先のアイス・ドームまでの稜線は、一部にナイフリッジもあったが、特に問題なくピークに立つ。ここからフォーレルの頂の間に鋭く切れたキレットがあり、一〇〇メートル下るのだ。昨年の一次隊は、時間切れのためここで引き返している。コルの直下、二ピッチが特に悪い。懸垂下降でコルに降り立った我々は、帰路のことを考えて、この二ピッチにザイルを固定しておいた。

　コルからは岩と氷の混ざった急峻な雪稜だったが、さほど困難な箇所もなく、時折※(13)スタッカートを交えて順調に登る。頂稜に至る直前のポイントで、目の前に高さ一〇メートルほどのスラブ（一枚岩）が現れ、まずいと思ったが南側にうまく逃げ

※（12）シール　Seal
シールはアザラシの英語名。スキーで登高する時に、スキーの裏面にアザラシの皮を貼り付けて滑り止めにした。アザラシの毛は丈夫で逆毛が滑り止めの役目を果たす。現在ではそれに替わり、ナイロン製のものを用いる

るルートが見つかり、ホッとした。

頂稜の一角から頂上までの道のりが長かった。三〇分ほどの平坦な雪原を歩く。そして午後三時、我々は十五時間をかけて、三三六〇メートルのフォーレルの頂上に立った。スイス隊に続く第二登である。初登頂したスイスのアンドレロック隊の報告書によれば、頂上はフットボールのフィールドの様だという。確かに真っ平らで、サッカーができそうだ。私ならさしずめ野球場と表現したであろう。

頂上から望む北方にはヌナタック（氷床上に聳える峰々）が点在し、その先は一面、白一色の氷床が広がっていた。南側は、スイッアーランドの標高二〇〇〇〜三〇〇〇メートルの広大な山域が幾重にも連なっていた。正面にはこの後で登る予定の、アバンガーデンやグルトノーレネ山塊のヌナタック群が、トンガリ帽子を並べたように林立していた。まったく素晴らしい景観である。

帰路は、往路を忠実に下った。例のコルからのアイス・ドームの登り返しに多少手こずるが、固定しておいたロープのおかげで難なく登り切る。日が陰りだすと、さすがに三〇〇〇メートルの稜線は寒く、往路よりも一段と気温が下がっていた。風は強さを増し、冷気が防寒衣を突き抜けて身体を刺す。さらにスキーデポからの

※（13）スタッカート　Staccato
イタリア語の音楽用語。主に危険な箇所で、複数人のクライマーが互いにザイルを結び合って行動するとき、一人が登攀する間に他の者が確保する登り方のこと

三〇分のスキーも辛かった。疲れた体に追い打ちをかけるように、ガチガチに凍った急斜面は、スキーのコントロールに思いのほか体力を消耗した。

七月二八日、午前一時になって我々はようやくBCに帰り着いた。マウント・フォーレルの登攀は、二五時間の連続行動となった。これは、白夜の成せる技であろう。『綿のように疲れる』という言葉があるが、私はこの時に初めてそれを実感した。学生時代には、これよりも遥かに厳しい、激しい登山を幾度も経験しているが、身体の芯まで綿のようにくたくたになるほどの疲れを感じたことはなかった。

一日ゆっくり休養する。後半は周辺のヌナタックの登攀である。あれだけ疲れていても、一日の休養ですっかり回復した。翌日、BCの目の前のアパンガーデン山塊にあるピルツの登攀に、尾上・五月女・池田で出かけた。ピルツはグリーンランドには珍しく、下部にアイスフォールを持ち、ヒマラヤを思わせる山容である。ヒドンクレバスに注意しながら、迷路のように入り組んだアイスフォールを抜けると、無名峰とのコルに立った。ここまでに三時間も要した。

ここからは三人では時間がかかりそうなので、尾上・池田のザイルシャフトで登ることにした。ピルツの西稜に取り付く。稜というより、岩と氷の混じる岩壁であ

マウント・フォーレル峰
登攀ルート概略

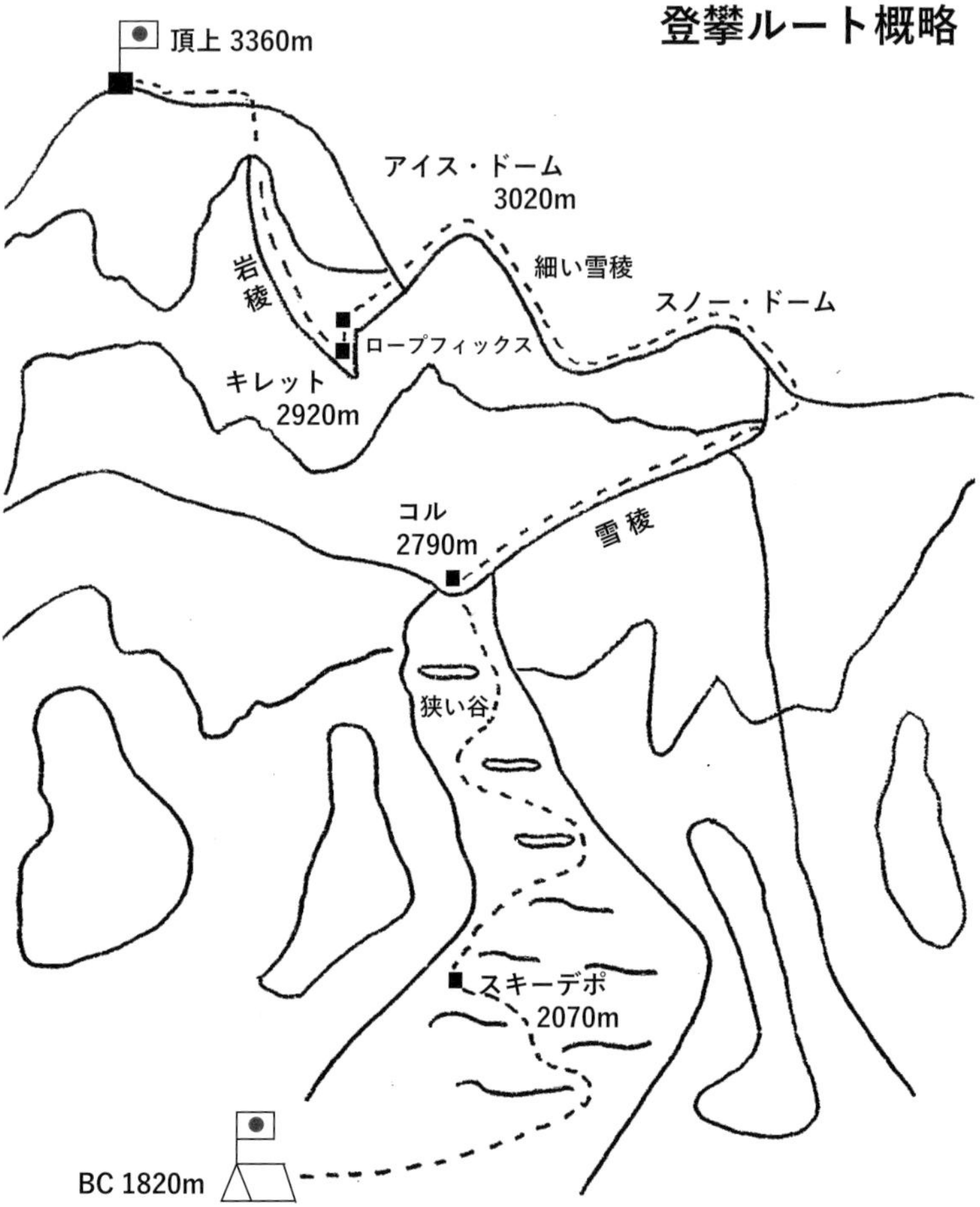

マウント・フォーレルの頂に立つ著者

マウント・フォーレルの頂上からのテーブルマウンテンとアバンガーデン山塊

フォーレルBCの南面に聳えるピルツ峰（2,900メートル）

る。スタッカート五ピッチを登ったところで、これ以上の無理はできないと池田さんが言う。私は十分登り切れる自信があったが、池田さんの言う通り、このままでは登攀具が貧弱で、頂上に登っても下りが心もとない。ザイル三〇メートル一本、アイスハーケンとロックハーケンが一、二枚、カラビナも数枚しかない。これだけでは、未知のルートを登るのには不安だ。ピルツを甘くみていたわけではなく、そもそも橇に載せる重量制限から、これ以上の登攀具を持ってこられないのだ。諦めて、五月女さんの待つコルに懸垂下降で下った。
八月一日。後半の登山活動に向け、我々は七日間テントを張ったフォーレルのBCを離れた。ここで隊を、池田・神崎・五月女隊と、中島・尾上・三好隊の二つに分ける。私の隊は、パリ氷河のグルトノーレネ山塊を探る。

ところで、まだ紹介していない隊員について、ここで少し触れておこう。

中島さんは、当時のコーチ会で最も学生の指導に熱心で厳しい先輩であった。学生時代、多くの仲間を遭難事故で失っているし、自身も落石で右の中指と薬指を、第二関節から欠損させている。なおさら遭難は絶体起してはならないとする強い戒めから、余計に厳しいのだ。そのことを理解してはいたが、学生に最も怖がられていた。その人が隊長である。卒業したばかりの私にとって、正直煙たい存在であった。

ところがグリーンランドを共にしてみて、実際は心根の優しい、気配りの人だと知った。それは、帰路のテントの中であった。中島さんは「俺、帰国したら彼女と結婚するんだ」といって、そっと私に写真を見せてくれた。ずっと遠征中、彼女の写真を胸に抱いて旅をしていたのである。彼女こそ、中島夫人の明子さんその人である。私の日本山岳会会長就任にも喜んでくれたし、強力な応援団の一人になってくれている。

その中島さんも、そして池田さんも既に黄泉路へ旅立っている。私はこの二人に、特別に惜別の哀愁を感じている。

神崎さんは、私より二年先輩。その独特なキャラクターで、登山界の名物男として後に勇名をはせることになる。前日本山岳協会（現日本山岳・スポーツクライミング協会）会長である。それ以上に、私の山の神（嫁さん）の紹介者であり、あまつさえ仲人は彼のご両親の神崎初太郎氏夫妻（故人）であるから、これは一生頭が上がらないのである。

そして三好は一年後輩だが、卒業年度は私と同じだ。英語が得意で、もっぱら通訳である。卒業後は、小学校の教員になるのだが、この後、若くして不慮の事故で亡くなっている。

さて、このグルトノーレネ山塊での登山の記録はほとんどない。ピークに立てば、それすなわち初登頂である。まず手始めに偵察も兼ねて、雪に覆われた無名の峰に登る。それでも標高は二七〇〇メートルある。スキーにシールを着けて、四時間かけて頂に立った。一応、初登頂であり、我々はその山を『スノー・ドーム』と名づけた。頂からすぐ隣に、五つの顕著な岩峰を連ねた、同程度の標高の岩山が望めた。五本槍と名づけて、明日はこれを試みることにする。

頂上からはシールを外し、登った大斜面を滑降する。集合地点を決めておいて、それぞれ好き勝手にシュプールを描いた。雄大なランドスケープを横目に、ちょうどよい斜度のザラメ雪を蹴ってのダウンヒルは爽快である。ゆっくり楽しんでは下ったつもりが、三〇分で集合場所に着いた。

翌日は、昨日見つけた五本槍を目指す。東側から順にⅠ峰、Ⅱ峰と番号をふって、一番高いと睨んだⅠ峰に挑んだ。途中でスキーをデポすると、アンザイレンして急な氷のルンゼを詰めて、Ⅰ、Ⅱ峰のコルに上る。Ⅰ峰への登りは、岩と氷のミックスした岩稜を、慎重にスタッカートでⅠ峰に上る。上ってみると、どう見ても一番遠くのⅤ峰が高い。行けるところまで行こうと、Ⅲ峰まで行ってみるが、Ⅳ峰との間のキレットが鋭く深く切れ込んでいる。これ以上の無理は禁物と、Ⅲ峰から戻った。

後半戦の最終日は、五本槍からさらに二つ谷を隔てた西方にある二四〇〇メート

五本槍。右からI峰

五本槍I峰に立つ著者と三好隊員

ルの無名峰と、そこから峰続きの二二〇〇メートルにも登った。一応、全部初登頂である。翌日はゆっくり起きて、待ち合わせ場所にした帰路の最初のデポ地に向かう。すでに、奥地に向かっていた池田隊が先に着いていた。ちなみに帰路も同じルートを通るので、往路の時点でポイントとなる場所には、復路用の食糧と燃料をデポしておくのである。この補給地点は、他にもう一箇所を設けた。

池田隊は、これまで誰も立ち入ったことのない奥地の調査と、その途中に点在するめぼしいヌナタックの登山を行った。その中の一つで登った、青白く氷の光る美しい未踏の無名峰には、ブルー・フジ（三〇二〇メートル）と名付けた。

二隊に分けてからたった一週間であったが、今までずっと一緒だったので、何年ぶりかのような気がして嬉しかった。同じ釜の飯を食ってきた屈託のない仲間同士の山登りは、実に愉快だ。

食糧も底をついてきているので、もう二日だけここに留まって登山を続け、帰途に就くことにする。翌日は全員で休養を兼ね、先日我々が登ったスノー・ドームに、スキーハイキングに出かけた。頂上まで上がらず途中から下りたが、雄大な大斜面からの爽快な滑降には池田隊の面々も大満足だった。明日の最終日、彼らはアバンガーデンの最高峰テーブルマウンテンを狙う。私の中島隊は、グルトノーレネ山塊の登り残した最高峰に向かうことにした。

　早めに寝る支度をしていると、テントの外に人の声が聞こえた。英語である。このエリアには我々も含め、三つの登山隊が入っている。その一つ、イギリスはインペリアル工大のパーティであった。外は寒いので、中に入ってもらいお茶を飲みながら情報交換をした。彼らは、この近くにBCを置いて登山活動をしている。我々とは上陸地点こそ異なるが、同じく人曳き橇でやってきていた。少し違うのは、主に食糧や燃料などを、パラシュートを使って飛行機から落として回収していた。荷物の一個がクレバスに落ち、回収に苦労したという。さすがにイギリス隊はやる事のスケールが違うと感心したが、考えてみればグリーンランドとイギリスは指呼の間で、特別驚くことはない。彼らもそろそろ帰途に就くとのことで、帰りにBCに寄るよう誘われた。

成功、そして撤収　楽しきオールラウンド登山

　ヌナタック登山の最後の日。池田隊は、テーブルマウンテンの南面の側稜に登路を見出し、十二時間かけて念願の頂に立った。アバンガーデン山塊の主峰の初登頂である。我々グルトノーレネ隊は、頂に通じる尾根をルートとし、スキーをデポしアンザイレンして登り始める。ところがそこへ、上から二人の男が降りてきた。昨日のインペリアル工大のパーティである。聞けばグルトノーレネの最高峰を登ってきたと言う。最終日の登攀で張り切っていた我々は、がっかりである。登っても二番煎じ、他の山への転進も考えたが意気消沈してしまい、さっさとキャンプに戻ってしまった。

　八月十一日、我々は全登山日程を終え、帰路へと橇の向きを変えた。途中、誘われていたインペリアル工大のＢＣを訪問する。彼らも引き上げるのだが、食糧が余っているので食っていけという。昼食のご招待である。毎日の単調なメニューに

インペリアル工大のBCを訪れる。真ん中が著者、右端は中嶋隊長

すっかり飽きていたので、外国の登山隊の食事に期待大である。ところがせっかくのご招待だったが、正直なところそれほどではなかった。ラスクの様なパン、ビスケット、マッシュポテト、スープにお茶。それでも、久しぶりのソーセージは旨かった。

山の中で、しかもグルメとは縁遠いアングロサクソンに期待する方が間違っているのだ。これがもしフランス隊だったらな……と思いながらも、出されたものは全部平らげ、チョッピリ満足であった。連中は恐らく「あいつらロクなもの食ってねえな。ペロッと食べた」と思っただろう。図星である。そして立場が逆であれば、我々とて「昼食を食ってけ」などとは、とても言えた代物ではないのだ。

帰路のペースは早かった。ルートを熟知しているうえに、食料や燃料を消費して装備類だけになっていたので、軽い。

下りの長いルートが続く時は、スキーを使う。上りとは逆に、橇を先頭にして後からスキーで制動をかけながら下るのだ。体力的には楽であるが、時にはスピードが出すぎてコントロールを失い、転倒してしまうことがある。一人が転ぶとそれが抵抗になって急ブレーキがかかり、将棋倒しに全員が転ぶ。この時には、初めに転んだ者に全員から非難の視線が集中する。先輩、後輩の区別なく思わず「ごめん」が口に出る。もっと急な斜面は、橇の滑走面にナイロンロープを幾重にも巻きつけ、ブレーキ代わりにするのだ。

北極圏も、八月中旬を過ぎるころにはとっぷりと日が暮れる。白夜の日々に馴れた身体には、久々の暗い夜は懐かしかった。気温も一気に下がり、昼間でも氷点下となり、橇も昼行に変えられる。

極地の夜といえば、オーロラである。オーロラは、南北両極の夜空に現れる発光現象である。太陽風に含まれるプラズマ粒子が極地に運ばれ、大気中の微粒子に衝突してエネルギーを生み出す。この過程で起こる発光現象がオーロラの正体なんだそうだ。

そんなオーロラは毎晩のように出現した。まるで春風にそよぐカーテンのように、夜空を一面ゆったりと動くその様は、まるで天空の舞姫の壮大なショーである。黄色から薄い緑、そして時には淡いピンクに、刻々と色を変える。妖しくも美しいその輝きは、いつまでも見飽きることはない。ところがずっと見上げていると、首が痛くなって、耐えられなくなる。それに外は氷点下である。そこで、テントの中から雁首を並べて、仰向けになって見るのであるが、それは見ようによっては、地べたに首だけが転がっているみたいでグロテスクである。

もう一つの楽しみが、帰路用の食糧の中に忍ばせたスコッチである。忍ばせたといっても誰かが黙って持ち込んだのではなく、公認の食糧の一部だ。隊の計画は完璧に大成功。帰路の気分は最高で、気の早い打ち上げである。グリーンランドのキャンプでのスコッチは、やはりオンザロックであろう。ピッケルで周辺の氷床をガリガリと引っ掻き、その氷片をカップに放り込んでスコッチを注ぐのだ。氷は無尽蔵にある。これこそまさに氷床上のオンザロックである。極地の天然氷を使ったこの最高に贅沢なワンショットを、雄大な天空のショーを見ながら、ちびりちびりとやる。雪原に風も言葉もなく、ただ夜のとばりに光のシンフォニーが静寂を奏でるのである。

時おりその静寂の彼方から、カラ……カラ、カラカラと、澄んだ小さな乾いた音が聞こえてくる。遙か遠くからである。初めは何の音だろうと訝ったが、すぐにそれが落石の音だと気づいた。私は山で何度も落石に出くわしているが、それらは音もなく空中を飛んでくるか、ガシ、ガシと鈍い音で斜面を跳ねてくる。カラカラという音は石が落ちるというより、山肌をゆっくり一定のリズムで滑っているように聞こえ、実に心地よい。流れ星に宇宙を感じるように、冷えた空気に響く微かなこの音が、大自然の沈黙をより強く意識させた。

八月二〇日、我々はシオラリック上陸地点に帰り着いた。五十二日間におよぶグリーンランドの旅は、終ったのである。再びクンミュートからアンマサリックに戻り、ここから飛行機で東海岸のサンドレストロームフィヨルドを経由し、コペンハーゲンに降り立った。

せっかくはるばるやってきて、このまま直帰するのはもったいない。そこで西ドイツの日本大使館に集合する日時を決め、それぞれ一週間ほどヨーロッパの各地を旅した。といっても貧乏旅行で、私は五月女さんとフランスへ赴き、そこから一人でイタリアを訪れた。帰国したのは九月下旬であった。

グリーンランドでの山登りをひと言で振り返れば、こんなに面白い登山体験はなかった、ということである。最新技術や登攀具を駆使して登攀するような登山はやれていない。やれないのだ。ここには詳細な地図も記録も、写真もない。初めて山と対峙して、その山の弱点（登りやすいところ）を見つけて、そこを攻めるという、きわめて登山の原点のような手法で登るのだ。でもそれが、それこそが山登りの基本なのである。

しかもスタートラインに立つまでに、必要な物資すべてを自分たちだけで用意し、氷の上を一ヶ月近くもかけて橇で運ぶのである。今時、こんな山登りをする日本人は誰もいない。そして、そんな苦労をしなければならないのが極地の山である。毎日が新鮮で、心地よい緊張の連続であり、その素晴しさに五二日はあっという間のことだった。これこそ我々の標榜する『オールラウンドな山登り』と言えよう。

若ければぜひもう一度、今度は最先端の装備を揃え、旨いものをいっぱい持って。ヘリコプターでもチャーターして。もちろんヌナタック登山には、橇とスキーだ。

その後も、日大の北極圏への遠征は続く。我々の二次隊に続き、一九六八年の三次隊は、今までで最も大規模な隊となった。その目的は、グリーンランドの東海岸から西海岸までの、人曳き橇による横断であった。その他に二次隊と同様、フォーレルを含む奥地のヌナタックの登山に加え、将来の北極点到達を見据えた犬橇の試験運用であった。横断は、フォーレルのBCから西海岸のヤコブスハウンまで、直線距離にして九六〇キロメートル。氷床部で一番高い標高二八〇〇メートル地点を越して、隊員五名が三五日間をかけて成功させている。

この横断の記録は、世界で三度目の快挙である。位置測定は、昔ながらの六分儀を使用した天測によった。今ならGPSで簡単だが、当時は確実な測位法といえ

ば、天測しかなかった。

そして一九七八年には、北極点到達を目指す遠征隊が、池田錦重を隊長に派遣された。三月十二日、エルズミア島の北端ケープヘクラアラートを起点に出発。四月二八日、午前七時三〇分、四名の隊員が北極点に立った。多和田 忠、中村日出、大島育雄、ピーター・ピアリーである。日本人が最初に北極点に立った、記念すべき瞬間であった。

ピアリー以外は日大山岳部のOBであるが、彼は一九〇九年、世界で初めて北極点を制覇したアメリカ人、ロバート・ピアリーの孫である。祖父と孫が北極点に立つという、珍しい記録である。多和田は第三次の横断隊員であり、その時に修得した六分儀による天測技術が絶大な威力を発揮している。大島も三次隊に参加、その後すっかりグリーンランドに魅了され、日本を捨ててグリーンランダー（イヌイット）になった男である。北極点旅行には、彼がそれまでに培った現地人としての技術、つまり犬橇や極地の生活技術などが、遠征隊に大きく寄与したことは言を待たない。

この足かけ十三年にわたる日大北極圏の遠征に、最初から最後まで常に先頭でリードしてきたのが、池田錦重である。明治時代の白瀬隊以降、日本人が知らない極地登山と探険という未知の世界を一から開拓、研究。自ら実践して、その仕上げに日大隊を、日本人の北極点一番乗りに導いたのだ。

私は、第二次グリーンランド遠征隊で池田さんと一緒だったので、彼のエクスペディション（登山や探検などを目的とする遠征）に対する行動規範や発想、実行力や危機回避能力、さらには冒険者としての並外れたポテンシャリティをまざまざと見せつけられた。そんな彼は、さしずめ現代のエクスプローラー（探検家、探究者）であろう。世が世なら彼はきっと、かつての大探検家たち――アムンゼンやスコットに、比肩する日本人であったに違いない。

その後の池田さんである。『シルバータートル』という、同人の登山集団を主宰。自らが先頭に立って、ヒマラヤやカラコルムの登山を企画、実践している。私は池田さんには、もっと極地にこだわったエクスプローラーとしての池田であって欲しかった。結局は、残念なことに、極地にも探検するという未知を求める要素がなくなってしまっていたのである。あれば池田さんのこと、とことん追及に全身全霊を燃やしていたに違いない。やはり池田さんは、生まれた時代を間違えたのである。

遠征を終えて上陸地点のシオラリックに戻る（左から三好、中嶋、尾上、神峠、五月女、池田の各隊員）

はじめて山の面白さを知る

私が日本山岳会 東海支部の一員として加わるきっかけは、あのグリーンランドの遠征が終わり、名古屋に帰省した時である。日大山岳部ＯＢの松田雄一先輩が「今度、名古屋に尾上という男が帰るので、よろしく頼む」と、中世古 隆司さんと原 真さんに伝えたことに端を発するのである。

その年（一九六六年）の秋、グリーンランドから帰国した私は、早々に中世古さんと原さんの二人から呼び出しを受ける。それ以来、今日まで半世紀にわたる東海支部との関係が始まる。この間、一度も東海支部から離れることなく、支部の活動に中枢として携わってきている。五〇年を越える年月の間に、私は支部長を二回務め、さらに日本山岳会の会長にも就いている。

東海支部では、今日に至るまで四〇隊に及ぶ登山隊を海外に派遣しているが、私はこのほとんどに主体的に関わっており、オルガナイザーを自任している。そこまで東海支部の海外登山隊に力を入れる理由は、二つある。

一つは、東海支部が設立された理由が、支部からのヒマラヤ登山の実現にあったことである。このことから、私は支部の海外登山を『創始の志』と表現し、これを実践することが支部活動の最も重要な原点であると認識していた。

私は先述した通り、マカルーの標高七〇〇〇メートル付近で体に変調をきたし無念のリタイアをして以来、激しい登山には耐えられない身体になってしまっていた。必然的に、自身の海外登山も諦めざるを得なくなったのである。だからこそ、その気持ちを情熱を、支部が派遣する海外登山隊に託したいのだ。例えるなら、高校球児と共に甲子園で闘う野球部の監督の心境であろうか。総隊長とか実行委員長の立場になれば、登山隊の一員として隊員たちと一体になれるのである。これが、二つ目の理由である。たとえ身体は登れなくても、気持ちは真正面から海外の山と向き合っているのだ。


そもそも私の本格的な登山活動は、大学に入ってからである。それまでは、実のところ大したことはしていなかった。私が『山を登るという行為』に興味を持つようになったのは、いつ頃からであったであろうか。子供時代、父親にキャンプやスキーに連れて行ってもらったが、これは山登りではない。登山を意識し、興味を抱くようになったきっかけは、高校時代に岐阜県の富士見台にキャンプに行ったことからであろう。

私の母校である東海高校の同級生に、長村光造という男がいる。当時私と長村は、東海の剣道部に所属していた。彼はすでに、中学時代から登山部にも入っていたため、若干ながら山の知識があった。そこで一年生の夏休みに、その長村が同級生の剣道部員六名を誘って、富士見台のキャンプ山行を企画した。長村を除く他の部員は、私を含め山登りは初めてであった。富士見台というのは、中央アルプスから連なった恵那山系に属する山で、標高一七三九メートルだ。

一日目は木曽川の河原でキャンプし、翌日から富士見台を目指す。今は神坂峠まで立派な道路が通っているが、当時はまず川並までバスで行き、ここから歩くのである。二日分の食糧と炊事具、露営用具それに個人装備一式を背負っての登山だったので、結構な重量である。

真夏の炎天下、装備を背負って長時間歩かされるわけで、長村以外の全員が文句たたたら、ついに神坂峠でバテバテになった。ところがこの頃から天候が急変し、雨が降り出してガスまで発生。さらに、登山道は低いクマザサに覆われており足もとが不確かで、私たちはいつしか道を見失ってしまった。

この日の目的地である頂上直下の神坂小屋は、もう近いはずだ。行く手を濃いガスに阻まれ、疲れた体に鞭を打って藪漕ぎをするうち、日暮が迫ってきた。仕方がないのでその場にテントを張り、長村の他に余力のある二名が空身で神坂小屋を捜しに行った。待つ身としては心細い限りで、不安ばかりが募る。

それから三〇分ほど経ったころであろうか。上の方から「オーイ、オーイ」と声がする。こちらも答えると、間もなく神坂小屋の若い衆と一緒に、長村たちが戻ってきた。ひと安心してテントをたたみ、荷物を持って歩き出すと、ほんの一〇分足らずで神坂小屋に到着した。結局、何ごともなく全員が無事であったが、山が初めての高校生にとっては、体力的にもきつく、とても恐い体験であった。

しばらくして夏休みが明け、私は長村やみんなと久しぶりに顔を合わせた。剣道の稽古が終わって帰り支度をしていると、彼が「来週の日曜日、みんなで御在所山※(14)に行かないか」と誘った。富士見台ですっかり懲りた面々は、山なんてもうたくさ

※（14）御在所山

御在所山は、標高 1,212 メートルの鈴鹿山脈の盟主。山頂までロープウェイが架かり、麓には湯の山温泉もあり、四季を問わず大勢の観光客や登山客が訪れる。冬は頂上にスキー場が開設され、手軽さから家族連れで賑わう。登山道は、裏道、中道、表道などいずれもよく整備されていて、安全に登山が楽しめる。裏道から望める藤内壁は、日本屈指の岩登りのゲレンデで、岩を攀じるクライマーの姿が見られる

んと異口同音。私ももちろん御免だったが、言葉を選んでぐずっているうちに、彼の方から「尾上、行こうぜ」と名指しで強く迫られた。そこでいつもの悪い癖が出て、気持ちとは裏腹につい「うん」と頷いてしまう。これが運の尽きであった。

この御在所登山を契機に、私はすっかり山の魅力に取り憑かれてしまった。私と長村は、土日や試験明けを利用して、主に鈴鹿の山々に通い始めた。五月の大型連

高2の冬、御在所山で。著者

休や夏休みになると、木曽駒ヶ岳や槍ヶ岳、白馬岳など遠方の山まで足を延ばした。

そうこうするうち、私も三年生になった。私が通う高校は進学校だったので、受験勉強を優先して、部活は二年生までで辞めるのが慣例だった。そのため私も長村も、剣道部を引退する。ところが、はなから受験勉強などする気のない私は、さっそく暇を持て余すことになった。そこで長村を山に誘うと、「お前だって受験生だろう。いったい何を考えているんだ」と戒められる始末。仕方なく、私は一人で鈴鹿の山をほっつき歩いた。

その冬も、私は一人で鈴鹿に行った。冬の鎌ヶ岳に一人で登りに行ったのだが、途中から猛吹雪に襲われ、どうにか山頂までたどり着くには着いたが、散々な目に遭って下山した。日曜日だというのに登山者は誰もおらず、不安に駆られる。しかも下山はラッセルになり、登りよりも余計に時間を食ったことを覚えている。

最近（二〇二〇年）の鈴鹿は暖冬の影響か、ピークが少々冠雪する程度で、当時とは雲泥の差である。藤原岳などは当時、頂上付近の笹原が戦前からスキー場になっていて、名古屋からわざわざ滑りに行く人がいたほどである。もちろんリフトなどという、洒落たものなどないのにである。鈴鹿の山々で積雪が二メートルを超すなどというのはざらであり、事実、雪崩の事故が発生したこともあった。これも地球温暖化によるものだろうか。

私は、鈴鹿の晩秋が一番好きであった。

午後の太陽は尾根の向こうにつるべ落としだが、対照的に残照で鮮やかなオレンジに染まった四日市の工場地帯が、葉を落とした木々の間に見え隠れする。誰もいないひんやりとした山道を、落ち葉を踏むサクサクという音を耳にしながら、足早に下るのだ。あの寂蒔とした空気感が心地よく、「山はいいなあ、また来よう」と思う。孤独ではあったけれど、私はすっかりその魅力にのめり込んでいた。

私はこのとき決めた。「大学へ行ったら、山岳部に入ろう」と。

山の魅力を教えてくれたあの長村は、高校を卒業後、京都大学の工学部冶金学科に進学。引き続き京大の剣道部でも腕を鳴らし、学生東西対抗の選手にも選抜されている。またその後は専門の金属分野において、彼の研究が世界的に評価され、国際学会の表彰も受けている。もちろん今でも親交があり、時に杯を交わしながら、懐旧談に花を咲かせている。

晩秋の鈴鹿路の長村光造。手にしているのは、池塘に張った氷

我が母校、東海高校

私が中・高六年間の学校生活を過ごした「学校法人東海学園」の歴史は古い。明治二一（一八八八）年に浄土宗教師学校として設立された同校は、今年で一三二年を教える。太平洋戦争終結後の昭和二二（一九四七）年より新制となり、中学・高校六年間の一貫校になる。新制後も、伝統的な男子校であることには変わりはなかった。

今の東海は、医学系の大学への進学者数が日本一であることが知られている。しかし教育が何かの方向に偏ってしまうと、教師も生徒もそこにしか価値を見出せなくなってしまう。先日、佐藤校長に会った時にそう話すと、「そうなんです。困ったもんです」とは言いながら、まんざらでもない様子だった。

歳を重ねるごとに、思い出はより鮮やかに、リアルな情景描写となって湧き出してくるから不思議だ。次々と高校時代の思い出が溢れてくる。

私が在学していたころの東海は、学校生活に対する自主性がずいぶん重んじられていたように思う。浄土宗立校なのに、抹香臭い授業の強制もほとんどなかった。要するに、とても自由だったのである。先生たちも、右から左まで様々なタイプが在籍していたし、授業の内容は各々の先生に任せられていた。例えば体育の授業は、大体ソフトボールだ。教官室へ行ってボールとバットを持ち出し、終わると返しに行く。グラウンドには、先生は出てこない。

時代は、六〇年安保の騒々しい最中であった。ある先生が、黒板に東アジアの勢力図を書きなぐる。日米安保条約が批准されれば、日本列島は米国のための不沈空母と化す。今夜テレビ塔の下で反対のデモ集会があるから参加せよと、アジるのである。これが社会科の授業である。

生徒の中にもませた奴がいて、デモ参加中に警察の職質にあった時の対処方だとか、逮捕されない方法などを熱心に教えてくれる。じゃあ行ってみようかと軽いノリで、クラスの仲間二〜三人と連れ立って参加してみた。ノンポリの私には、最初で最後であった。

またある先生は、授業そっちのけで生徒を漫談で喜ばせてくれる。超厳格な先生もいて、少しでも騒ごうものなら即ビンタだ。私もビンタを食らったが、授業中さわいだりふざけたりして廊下にも立たされたものだ。親に話すと、「それは、お前が悪いからだ」と、また叱られた。

こんな環境で育った生徒たちだけに、学校生活はのびのびと自由闊達。それぞれの考えやスタンスの中で、多感な思春期を過ごした。だから生徒も玉石混交である。誰が玉で誰が石というのではなく、それぞれみんなが玉と石を具えているのである。というより、そうした自由な空気の中での教育が、玉と石の両方を育くんだと言えよう。

新学期の始業式や集会のたびに、歴代の校長が必ず言う言葉があった。『勤倹誠実』と『文武両道』である。勤倹誠実は校歌にも歌われていて、勤勉で倹約を旨として、真面目で真心のこもった人になれ、という我が校のモットーである。文武両道は、読んで字の如くだ。

先生も生徒も、それによく応えていたと思う。先生は、たまには授業を脱線こそすれ、いずれも熱心で熱血漢が多い。思えば我々生徒たちも、それによくついていった。大学進学率は、公立の旭ヶ丘や明和とトップを争っていた。

部活動も活発だった。弁論部は全国的に有名で、東海の講堂では、全国を対象にした弁論大会も企画運営していた。新聞部の発行する東海高校新聞は、その論調の質の高さと激しさで、他校を圧していた。書道部や地学部も優秀な指導者（先生）がいて、活発であった。運動部も盛んで、柔道部、剣道部、テニス部、弓道部などは、県代表の常連であった。中でも東海の柔道は勇名を馳せていて、全国制覇も成し遂げている。私が三年生だった時の野球部は、夏の甲子園の地方大会で準決勝まで駒を進めている。

前述の通り私は、剣道部員であった。中学一年の入学時は柔道部に入ったが、体育の授業中に転んで腕の骨にヒビが入り、自動的に退部。次は野球が好きだったので野球部に体験入部したが、半年遅れで何となく気後れがした。同じクラスに、例の長村光造がいた。長村は剣道部員だったので、ふと「俺、剣道やってみようかな」と言うと、長村は笑った。

「お前みたいにふらふらしている奴には、長くは続かないから止めとけ」

この言葉にカチンときた私は、意地でもやってやろうと剣道部の門を叩く。すでに三学期の初めである。同級生とはおよそ一年の開きがあり、この差は大きかった。レギュラーにはなれなかった。高校二年生の時、インターハイの愛知県代表で我が剣道部は熊本大会の出場を果たしたが、私はマネージャーとして同行している。

悔しかったが、実力の差はほとんどなかったと、私は今でも思っている。剣道の

青年時代、剣道に熱中した頃の著者

勝負は、一瞬である。伸び盛りで生じた一年近い差は、なかなか縮まらない。そんな中でも、在部中に剣道二段の免許を取得している。剣道部のマネージャー、今にして思えば、これが私の裏方人生の始まりであった。

東海の剣道部が強かった要因は、素晴らしい師範がいたからである。体育の教官も兼ねていた加藤万寿一先生である。陸軍中野学校※(15)出身で、戦時中は中国戦線で特務機関に属していた。戦後にシベリア送りとなり、特務機関あがりが災いして十一年間という最長の抑留生活を強いられたが、昭和三一(一九五六)年、最後の帰還船で帰国している。

元軍人、それも特務機関の出身といっても決して強面ではなく、いつも『生徒のため』『正統な剣道』を念頭に、熱心に指導してくださった。加藤先生が師範に就任して間もなく、東海剣道部は黄金時代に突入する。剣道部で腕を磨き、正統な剣道を仕込まれた卒業生は、いずれも進学先の大学の剣道部で実力を遺憾なく発揮し、中には全国に名を轟かせた者もいる。

今も私は、ひょんなところで剣道家なる人と出くわす時がある。そんな時、話の流れで、自分が剣道二段であり恩師が加藤先生であることを話す。すると相手は、

※(15)陸軍中野学校
通称「東部第三三部隊」。その実態は、諜報や防諜、ゲリラ戦、宣伝などの秘密戦に関する教育や訓練を目的とした、帝国陸軍参謀本部が直轄する情報機関。東京の中野に所在したのでその地名に由来する

「あの範士八段の加藤万寿一先生ですか」と問い返すのだ。「ハイ。そうです」と答えると「それは凄い。あんな素晴らしい先生に教えてもらったのですね」と感心されるのだ。私の数少ない自慢のネタの一つである。

その加藤先生との間に、忘れられないエピソードがある。

ある時、私は用事があって、加藤先生を体育の教官室に訪ねた。教官室には誰もいなかった。机の上には学籍簿が置いてあり、私は何気なく開いてみた。つまり盗み見である。各クラスの生徒の体育の成績表があったので、自分の欄を見てみると、九〇点であった。当然だと思った。部活（剣道）も熱心だったし、体育の授業の、特に短距離とハイジャンプは学年でもトップクラスだったからである。

ついでに興味があったので、私は成績が学年一番で、二年生でも東大楽々合格と言われていたＴＨの欄を見てみた。九八点であった。私は完全に頭にきた。彼はスポーツなどからっきしのガリ勉男である。どうしても納得がいかない私は後日、加藤先生に尋ねてみた。その場では、盗み見したのがバレるからである。

どうして知っていると言われそうで恐かったが、加藤先生は怒るどころか、私の質問にニヤニヤして答えた。つまり、彼を含め成績のいい奴は、その時の試験の成績を担任に聞いて、その平均点を体育の点にしているというのだ。「体育が原因で平均点が下がったら、可愛そうだろう。逆にお前なんか、ずいぶん得しているんじゃないか。お前もテストの平均が九八点になったら、喜んで体育も九八点やるよ」と言われてしまった。私は返す言葉がなく、すごすごと引き下がった。ウィットと優しさに富んだ、よき師であった。

その後、私は剣を捨て、ピッケルに持ち替えた。

それでも剣道部とは、高校を卒業してからも縁は切れていない。加藤先生の葬儀には、教え子代表で弔辞を奉読させてもらっているし、剣道部のＯＢ会（東海月影剣友会）の会長も、長年務めさせてもらった。さすがに今は会長は後輩の米本倉基に譲ったが、名誉会長という名目で会合に顔を出させてもらっている。

私は高校時代、学校へ行くのが毎日楽しくて仕方がなかった。素晴らしい先生に恵まれ、仲の良い仲間が大勢いて、学校が大好きだったのである。風邪をひいて少々熱があっても、学校を休まなかった。お陰で中高六年間、無遅刻無欠席の表彰を受けている。六年間でもらった賞は、これぐらいだったが。

それでも試験だけは憂鬱であった。学校のことで、唯一興味がなかったのが勉強というから困ったものだ。試験は不認定（赤点）を取らないだけの一夜漬けで凌いだ。試験は、要領が関係するのだ。

そんな東海にも、一つだけ不愉快なことがある。それは成績によって、クラスを分けることである。高三になると、Ａ群とＢ群の二つに分けられる。すなわちＡ群は優秀クラス、Ｂ群は非優秀クラスである。私はもちろんＢ群である。不愉快というのは冗談で、味噌も糞も一緒では受験勉強に差し障るから、差別的でもこれは当然であり、生徒も充分承知していた。それに第一、Ｂ群のＡ群に対するコンプレックスなど皆無であり、部活は一緒で、一歩学校を離れればＡもＢも関係なかったのだ。

今でも高校の同級生が集まると、お前はＢだ、いやＡだと大いに盛り上がる。しかし相変わらず昔から、Ｂ群の方が声も大きいし、態度もでかい。

我が校の同窓会は実にパワフルである。元学園長の堀田岳成先生は、「東海の同窓会は日本一である」といつも豪語されていた。事実、事業活動はすこぶる活発で、歴代同窓会長は、誰もが知る錚錚たる名士が揃う。ちなみに現会長は、元中部電力社長・中部経済連合会の会長である三田敏雄君である。そして、卒業生の先輩・後輩の中に、各分野で活躍する著名人をきら星のごとく輩出している。政界を例にとれば、現在現役の国会議員が十名いるし、元総理大臣もいる。愛知県知事、名古屋市長の両方を同時に制したこともある。お陰様で私は、先輩・後輩を含めて、大勢の同窓や良き仲間たちに恵まれている。私の一生の宝である。

剣道部同級生と。左端が加藤万寿一先生、前列左から二人目が長村光造、右端が著者

東海中・高の大講堂。名古屋市の「都市景観重要建築物」、文化庁の「登録有形文化財」に指定されている

私を山の虜にした日大山岳部

私は以前、記憶というものはいくつの頃まで遡ることができるのだろうかと、考えてみたことがある。必死になって探すと、幼稚園時代の微かな記憶は残っているが、それ以前はまったくない。

私の幼児期は、大東亜戦争の末期である。昭和二〇年三月、名古屋大空襲でお袋の背にあった私が、焼夷弾に焼かれる家々を見て「火ぼうぼう」と言ったという。覚えていないかと言われたが、残念ながら覚えていない。どうやら、記憶の境界線はそのあたりらしい。

幼稚園はお寺であった。その寺の庭の小さな池に生えていた、菖蒲だかアヤメだかを引っこ抜いて、小肥りの女の先生にこっぴどく叱られたこと。もう一つは、卒園式の写真撮影で、好きな女の子の隣に意識的に並んだこと。記憶の海に漂う、かけらのようなワンシーンである。

ところが小学生のころともなると、記憶の数は飛躍的に増える。それも、しっかりとしたストーリーが構成されている。中学、高校などは、いわずもがなである。

小学生時代、私のなかで一番印象に残っているのは、毎年秋に実施されていた運動会のことである。そのプログラムには、徒競走があった。今でも徒競走というのかどうかは知らないが、クラス毎に五〜六名で走って順位を決める。

徒競走の組分けは学校によると思うが、私の小学校では背の順であった。私はクラスで二番目に背が高かったので、一番最後の組である。最も背が高かったのはDであった。彼は背が高いばかりでなく運動も得意で、その上に成績も優秀であった。何をやっても私はDに適わない。かといって仲が悪かったわけではなく、むしろ大の親友であった。残念ながら、彼は六十歳そこそこで病で先立つが、心の許せる友として、それまでずっと親交を深めさせてもらっていた。

小学五年生の運動会の徒競走で、私は一等でテープを切った。あのDに勝ったのである。彼は二等であった。まぐれかもしれないが、ひょっとしたら足は私の方が早いのではと、嬉しくなった。そして六年生の秋。あれは偶然だと思われては癪な

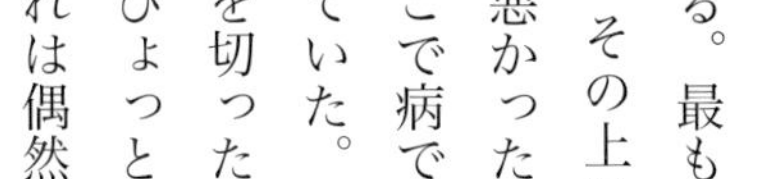

ので、何としても勝って実力を証明するために、私はどうすれば勝てるかを子供ながら真剣に考えた。乳母日傘で育った私は、物事に正面から向き合って深く掘り下げる姿勢に欠けていたが、この時ばかりは別であった。

私の小学校はグラウンドが狭く、コーナーは急である。スタートダッシュで飛び出し、トップで最初のコーナーに入ってしまえば、必ず勝てると考えた。コーナーが急なので、追従する走者は抜くのが難しいはずだからだ。

運動会の数日前から、私は秘かに一人でスタートの練習をした。先生のヨーイの声とピストルのタイミングを計ったり、いち早く飛び出すためのダッシュを繰り返し試し、研究した。昼間は人に見られて怪しまれるので、練習は夜になって、家の近くの路地で行った。普通は運動靴だが、万が一にも滑っては台なしなので、裏にゴムの貼ってある足袋を小遣いで買い、それを使った。

そして当日。最初のダッシュにすべてを賭けた私は、スタートラインに立つと、緊張で胸が高鳴った。ピストルが鳴り響いた。作戦は見事に当たり、私はDを差し置いて、再びトップの旗を獲った。

一等の賞品は、賞のゴム印が押された粗末なノート一冊であり、戦後の貧しい時代を反映していた。それでも、賞などとは縁がなかった私にとって、貴重な宝物となった。いつまでも大事にして使わなかったが、あちこち勉強机を移動しているうちに、いつの間にやら紛失した。

ちなみにこの時のクラスメートとは、今だに年に一回のクラス会を開いている。毎回男女合わせて十名前後が集い、小学校時代の話で花を咲かせる。

時代は下る。高校を卒業した私は、日本大学に進学した。

偶然であるが、橘小学校、東海中学、東海高校、日本大学と、全部父親と同じである。父親の時代に幼稚園はなかったので、学校と名のつくところはすべて一緒であった。つまり父親の運転するエスカレーターに乗っかったらしい。実家が機械業を営んでいたので、大学でも自動的に理工学部に進み、これも同じである。ただ一つだけ違っていたのが、父は大学で演劇と音楽に傾倒したが、私は山であったことだ。

そして私は念願の山岳部に入部した。

日大は、学生数が日本一のマンモス校である。運動部も各学部毎にある。私は、学業は二の次だったので、どうせやるなら体育会（現保健体育審議会）山岳部と決めていた。四月初めに入部式があった。新入部員は、三〇～四〇人はいたであろうか。それが卒業時には六人になっていた。退部していく原因は様々であるが、厳しさというよりも、山漬けの日常に耐えられなくなってしまうのである。

私も一度、つまずきかけている。理由はもっと単純である。一年生の夏山合宿の後半、北アルプスの縦走中にひどい下痢に悩まされ、二日間苦しみ無理を言って下山させてもらった。退部の思いもあったが気を取り直し、九月に新学期が始まると部室に顔を出して、山岳部を続けさせてもらうことにした。リーダーの高緑先輩には、その時ずいぶんご迷惑を掛けている。

この高緑さんは、卒業後に山岳部の監督に就任。おだやかな人柄と熱心な指導で学生達からも信頼され、長い間学生の面倒を見ていただいた。今は、後輩の大谷直弘がその任に就いている。

山岳部に所属したことで教えられたのは、山登りは全て自分で解決しなければならないことである。山では誰も助けてくれない。完全な自己解決が求められるのだ。ところが私は、子供のころから何もかも親まかせ。依存心が強く、困れば誰かが手を差しのべてくれた。高校卒業するまで極楽とんぼで、のほほんと過ごしてきた私を、山岳部はしっかりと目覚めさせてくれた。だが、それがその後の人生に役に立っているか、と問われると疑わしい。

日大山岳部は、一九二四（大正十三）年の創設である。間もなく一〇〇周年である。従来より理系の学生が多かったためか、部活動は合理的でリベラルな風潮が随所に見られた。しごきなどまるでなかったし、訓練のための山登りはしなかった。

しごきは自らに課すことと教えられ、ボッカ訓練※(16)なども、させられたことはない。夏山合宿での水分補給も自由だ。行動中は、飲水禁止という山岳部があると聞かされ、アホらしくなる。冬山の三〇〇〇メートルの稜線では、一年生の荷物が一番軽い。素人に重い荷を背負わせて、スリップでもされたらたまらないからだ。何もかもが合理的である。体育会系の運動部にありがちな、学年間の上下関係もゆるかった。こわい先輩もいたが、学年の一年違いは、お互い兄弟のように親しくなる。

ある時、私は同級生と部室で将棋を指していたことがあった。そこへたまたまコーチングスタッフの若いＯＢが入ってきて、「将棋を指している暇があったら山の本でも読め」と叱られた。山登りは、求道的でなくてはならないというのであ

※（16）ボッカ訓練
ボッカは『歩荷』とも記し、山小屋へ物資を運ぶ仕事をする人のことをいう。そこから転じて、コンクリートブロックなどを背負い、階段を登り下りしたり、わざわざそのための登山をすること。体力強化トレーニングの一種

る。これも我が部の伝統といえよう。だが、こうした山一辺倒のストイックさを求められ、嫌気がさして部を去る者も結構いた。

そんなことから私も、麻雀などどやらなかったし、メッチェン（独語で娘）とも縁遠かった。そんな暇がないほど忙しかったというべきなのだが、こちらは単にモテなかっただけかもしれない。ついでに言うと、山が忙しくて講義すら真面目に受ける暇がなかった。だから余分に一年授業料を払わされた、というのはこれも単なる言い訳に過ぎないか。

我々が山に入っている日数は、多い時など一年のうち一二〇日近くに及ぶ。こんなに山に入るとなると、事前の準備と後片づけにも時間が必要なので、ほとんど一年中山漬け、山岳部漬けなのである。これが四年間ずっと続くわけだから、愛想を尽かす者が出てくるのも当たり前だろう。

日大山岳部が標榜する山登りは、オールラウンドな山登り、そして学生らしい山登りであった。オールラウンドな登山とは、一つの分野に特化せず山登りを特定の枠にはめないことである。また学生らしい山登りとは、長期の休みを利用したスケールの大きな登山である。

私の四年生の春山合宿である。氷結している黒四ダム（黒部川第四発電所）湖をスキーで縦断。対岸の『平の小屋』をベースにして、ダム湖に落ちる後立山の各西

一年生の春山合宿での著者（北方稜線）

笹ヶ峰スキー合宿（三年生）左端著者

尾根を登攀。その後パーティを三つに分けて、北アルプスの峰々を縦走した。私がリーダーとなったパーティでは、ダム湖から南沢山に上り、烏帽子、野口五郎と歩き、水晶岳から一日かけて赤牛岳を往復。三俣蓮華、双六岳、笠ヶ岳を経て槍見温泉へ下りている。春休みを利用したおよそ一ヶ月の山行だった。

次の年の冬山では、私がリーダーとなったパーティによる、西穂高岳から槍ヶ岳の縦走を二年生部員以上で実施。もう一パーティは越後三山の縦走で、これも二年生部員以上である。さすがに槍穂の稜線や越後三山は、冬山が初めての一年生には厳し過ぎるからだ。縦走を終えた正月明けからは、一年生を含めた全部員による尾瀬のスキー合宿である。尾瀬の『山の鼻小屋』をベースにして、尾瀬ヶ原周辺のスキー登山を楽しんだ。

誰もいない、静寂に包まれた白銀の世界。まだ明けやらぬ尾瀬ヶ原に、スキーを滑らせた。景鶴山（二〇〇四メートル）の頂に連なる尾根を、シールを効かせラッセル。真冬なのにひと汗かく。頂上からは、新雪を蹴ってバックカントリースキー（手つかずの自然の中でのスキー）だ。四時間近くもかかって登った景鶴山も、スキーでの下りは早い。半分の二時間ほどで帰りつく。私はこのスキー合宿で、一日で平ヶ岳（二一四一メートル）も往復している。真冬に平ヶ岳を登った人は少ない。

単調な登り降りが続く槍穂の稜線よりも、自分達だけで誰もいない真冬の尾瀬を独占しているという喜びの方が勝っていた。

後輩達もユニークな山登りをしている。西穂高岳から宇奈月温泉まで、厳冬期の北アルプスの全山縦走である。これは今まで誰もやっていない、本邦初の縦走記録である。ほかにも冬の日高山脈、知床半島の全山縦走もやっている。これらの記録は、決して華やかなものではない。むしろ地味であるが、いかにも日大らしいオールラウンドな山登りの実践だと言えよう。

上級生（三年生）になると、リーダーを任される。山登りのリーダーの責任は重い。目的を果たしつつ、全員を無事に下山させる責任がある。その他にも、部の運営や登山技術、知識を継承していく立場にもなる。

リーダーの絶対的な使命は、メンバー全員を無事下山させることであり、それはすなわち彼らの命を預かることである。まだリーダーになりたてのころ、同級生と

三年生の初冬の富士山合宿

リーダーシップ論（リーダーの資質や能力）を闘わせたり、遭難と人の死について夜通し語り合ったりした。今にして思えば、いささか青臭くて照れ臭いのだが、当時はそれだけ真剣で、若いなりに真摯に山と向き合っていたのである。特に我が部は、遭難には敏感であった。過去に遭難事故で多くの死亡者を出しており、OB会である桜門山岳会の若いメンバーが中心となってコーチ会を結成して、学生の遭難防止の指導にあたっている。

私は、山登りのリーダーとして必要な要素に、次の四つを挙げている。すなわち「技術」「体力」「知力」「判断力」である。技術と体力は言うまでもないことだ。これが欠落していたら、初めからリーダー失格である。知力というのは、山登りに必要なあらゆる知識と、目的とする山の研究である。合宿の前には、必ず準備会や研究会と称した勉強会を実施していた。「彼を知り、己を知れば、百戦危うからず」である。そして判断力。私はこれが山登りのリーダーにおける、最も重要な要素だと思っている。リーダーの判断ミスに起因する遭難事例は多い。

こんな風に考えると、おいそれとリーダーなど引き受けられないし、誰もやりたがらなくなってしまう。ただ、目的の山の難易度や状況によっては、必ずしもこれらの要素が完璧である必要はない。例えば、都市近郊の低山を登るのに、技術や体力はさほど必要としないし、厳しい判断を求められる場面も想定しにくい。要するに、自分のリーダーとしての能力を自覚し、それで対応できる山を選択すればよいのである。これも判断である。

日大山岳部の部室には、「リーダー心得五箇条」が掲げてある。実に含蓄に富んでいるので、何かの参考になればと思い、以下に記す。

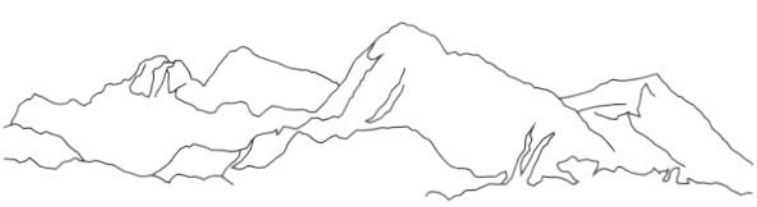

「一、計画の把握」
「一、準備の周到」
「一、観察の精緻」
「一、責任感の旺盛」
「一、断固たる決心」

計画は、目的を明確にして山を充分研究する。山行前の準備（作戦や技術・装備・食糧・トレーニング等）に周到を期せ。山に入ったら、周辺の状況や状態を常に正確に観察せよ。そしてリーダーとしての責任の自覚のもと、行動は揺るぎなく細心の注意を払い、大胆たれ。

日大は、今日までに多くの登山隊を海外に派遣している。派遣の母体は、桜門山岳会である。ヒマラヤでは、ホングデ（六五五六メートル）一九六二年、シタ・ツツラ（六六一一メートル）一九七〇年、ヤルン・カン（八五〇三メートル）一九七四年、ヒマルチュリ（七八九三メートル）一九八一年・一九八六年、マカルー（八四六三メートル）一九九二年、エベレスト（八八四六メートル）一九九五年。

ホングデとシタ・ツツラは初登頂、ヤルン・カンは八四〇〇メートルの前衛峰で敗退。ヒマルチュリは、難ルートとして知られていた南稜を二回目の挑戦で初登攀に成功している。マカルーは試登に終わっている。

一九九五年のエベレストは、チベット側の北東稜の末端からの登頂に成功している。北東稜は長大な尾根で、特に下部が悪いので、通常はその下部をカットして中間地点のノースコルに上り、上部にルートを取る。エベレストの主要な尾根からの、最後の世界初登攀記録である。

学生だけの海外登山（合宿）も実施されている。古くは一九六三年に台湾中央高地に遠征している。当時は、学生だけによる海外の合宿はめずらしく、注目を集めた。最近では、学生主体のヒマラヤやインドヒマラヤの六〇〇〇メートル峰の登山のほか、マッキンリーにも遠征している。これ以外にも、山岳部ＯＢが主体となって組織し実施された海外登山やＯＢが他の登山隊に隊員として参加した記録は、枚挙にいとまない。

日大の海外遠征は、ヒマラヤ以外にもその足跡を残している。北極圏である。極地は、日本人にはほとんど馴染みがない。唯一功績として歴史に名を残したの

日大隊による日本人初の北極点制覇（1978年4月28日）

が、白瀬《しらせ》矗《のぶ》による南極探検隊である。白瀬隊は、一九一〇年（明治四十三年）に勇躍日本を出発、一九一二年一月に苦労して南極大陸のホエールズ湾に上陸。犬橇を駆使して南極点に向かうが、一月二八日に南緯八〇度〇五分、西経一五六度三七分の地点で、過酷な気象条件と食糧不足により断念。ここを大和雪原と名付けて引き返している。

日大の北極圏での活動は、一九六五年の第一次グリーンランド遠征を嚆矢とする。一九五七年、国は南極に、大陸の天文・気象・地質・生物などの観測を目的とした昭和基地を建設している。従って、白瀬隊以降、極地に足を踏み入れた日本人は多いのだが、これは登山や探検ではなく学問の分野である。

日大は、一九六五年の最初のグリーンランド以降、十三年間にわたり大小含めて五回の遠征隊を北極圏に送り、多くのヌナタックの登山とグリーンランドの横断、日本人初の北極点到達を成功させている。これだけ北極圏で多大な成果を上げているのは、我々を除いて他にない。北極圏の登山と探険は、まさに日大の独壇場なのである。

混乱と新生の東海支部

世界の登山史の、その一ページを飾ったマカルー遠征が終わった。

その後のことであるが、東海支部では隊員らがそれぞれの日常に戻ったこともあり、あの喧騒が嘘であったかのように静かになった。中には、支部を離れる者も出た。アコンカグア南壁以降、マカルーまでの東海支部の運営は、原真さんが中心だった。そのため、必然的にマカルー後も支部の運営は、原さんの手に委ねられることになった。支部長は熊沢先生から、同じ名大理学部教授の樋口敬二先生にバトンタッチされた。これも原さんの意向であった。

私も人の子である。仕事だ結婚だと、人並みの生活設計を組み立てなければならない。支部の役員の一人には名を連ねていたが、これまでと同じような積極的な関わり方から、一歩引かせてもらっていた。

ところが、この人だけは違っていた。原真さんである。

彼の頭の中には、次の海外登山計画しかなかった。そのころ、彼は再び海外登山の熱気を支部に吹き込もうと試みていたが、ままならずにジレンマに陥っていた。支部運営も自ずと沈滞化する。元来、クラブやサロンを旨とする日本山岳会の支部に、海外登山一辺倒の指向は雰囲気として馴染まなかったのだ。

ついに原さんは、東海支部解散論まで持ち出す始末となった。性急な彼のこと、黙って実行しかねない空気があった。さすがにこれは放っておけないと、中世古隆司さんが原病院内の支部ルームから、支部に関する重要書類や印鑑を持ち出し、ルームを中世古宅に移す変更届けを本部に提出した。

このことが原さんの面子を潰すことになり、支部との間に一層の軋轢が生じてしまったのである。さらに支部長の樋口敬二先生は、事態の収拾にあたると思いきや、辞意を表明。急遽、次の新支部長を選任しなければならない事態に陥った。

原さんは、次期支部長の選出にもこだわった。「中世古と湯浅は絶対にダメだ」と言い張る。私は、二人のうちのいずれかにと考えていたので困惑した。このころになると、原さんと中世古・湯浅さんの関係破綻は決定的になっており、私が伝令係として走り回っていたが、改めて三人で新支部長を探すハメになった。

協議の末、沖　允人さんの名が挙がる。彼は、名城大学の電機科講師で中京山岳会の重鎮である。東海支部では、マカルー遠征中の留守本部を引き受けてもらい、人望も厚く適任である。私はさっそく原さんのもとへ走り、沖さんならとＯＫをもらう。あとは、彼の承諾を得るだけである。ところが当の本人は、大学が忙しいこと中京山岳会の運営もあり、とても東海支部まではと、あっさり断られてしまった。その別れ際に「火中の栗は拾いたくないし……」と言葉を濁したのが気になった。支部長人事が白紙に戻ってしまった。

私は再度、原さんに事の経緯を報告し、もう一度、中世古、湯浅の両氏を推すが、断固拒否の姿勢を崩さない。彼は、この二人に支部を追い出されたのではという印象を、周囲に与えたくなかったのであろうか。または、そう仕向けられたのだと睨んでいたのではないだろうか、と私は思ったりした。

すると考え込んでいるかと思いきや、突然、原さんが「おい、お前やれ」である。青天の霹靂であった。よくよく考えてみれば、彼の子飼いである私なら、原さんが後継指名したことになり、面目は保たれる。とはいえ、こんなことでいいのだろうか。すぐさま中世古、湯浅さんの元へとって返すと、その意向を伝えた。二人はいったん顔を見合わせたが、「だったらそうしよう」とあっさり決まった。

支部長人事でこれ以上混乱させるわけにはいかず、中世古、湯浅両氏の全面的なバックアップを条件に、私も腹をくくることにした。三四才の時であった。傀儡政権であるが、全国で最年少支部長の誕生であった。未だにこの記録は破られていない。

原さんはマカルー以降、支部から二つの海外登山を企画実施している。カラコルムのラトックI峰（七一四四メートル）と、ソ連政府の主催するパミール国際キャンプへの支部としての参加である。この頃から原さんは盛んに『速攻登山』を提唱していた。これまでの大規模なマス登山を否定し、少人数でいかに短期間で登るかが、これからの登山の主流になるという。当時の日本には、まだ馴染みのない発想であったが、欧米の登山家の間ではすでに実践されていた。今のアルパインスタイルである。

原さんは進取の気性に富んでいた。先見の明があった。ただ、こうした個人の指向を東海支部という大きな枠にはめ込もうとすれば、必ず反発を招く。東海支部も日々成長しているのである。原さんにとって、自身の意見が反映されない組織に与することは、自分の美学に反する思いが強かったのである。

ついに原さんは、東海支部を去った。

その後しばらくして、さらに日本山岳会も退会してしまう。その後は、『高山研究所』を自ら主宰し、自身の主張である速攻登山を実践していった。この研究所の存在は、少なからず日本の登山界に大きな波紋となって広がり、多くの若い登山家に刺激を与えている。

話を東海支部に戻そう。私が支部長に就任して、最初に手掛けたことは、支部運営の恒常化だった。定期

東海支部の重鎮（長老？）が揃う。左上から鈴木重彦、尾上昇、中世古隆司。左下から高田光政、橋村一豊、湯浅道男（1990年頃）

的な常務委員会（運営委員会）の開催、名簿の整理、支部費徴収の徹底、支部報の定期発行などである。幸いなことに要の総務関係を小川が、支部報編集を沖さんが担当してくれたのを皮切りに、生田らはじめ、かつて支部を支えていた仲間らが続々活動に復帰してくれた。またその状況を後押しするように、中世古さんと湯浅さんも私を支えてくれた。

支部運営は次第に軌道に乗り、各委員会活動も活発になってきた。次なる私の仕事は、やはり支部からの海外登山派遣ということになる。その期待の立役者は、一九八〇年のネパールヒマラヤのガウリサンカール峰（七一四六メートル）登山隊を計画した、湯浅道男さんであった。この登山隊は、未踏の頂への挑戦の他、国際親善隊と銘打って、山麓のロールワリン谷に鉄製橋の設置、陶器製造の技術指導、医療援助と教育事情の調査および運動用具の寄贈など、幅広く日本とネパールの親善活動にも力を入れた登山隊プロジェクトであった。

残念ながら登山は失敗したが、親善活動は大成功であった。四年後にはガウリサンカールへ再挑戦、これまた本峰の登頂は成らなかったが、南峰の初登頂には成功する。この親善活動は大がかりで、日本大使館の支援を得る必要上、湯浅隊長の友

ガウリサンカール登山隊（1980年）。中央に橋本龍太郎夫妻

ガウリサンカール登山隊（1980年）。在ネパール大使公邸にて。左から橋本龍太郎夫妻、金子在ネパール大使夫妻、著者

人で昵懇の間柄だった橋本龍太郎衆議院議員（第八二・八三代 内閣総理大臣）にお力添えいただいた。また顧問として久美子夫人とともども隊へも加わってもらい、現地にも赴いてもらった。私も総隊長として同道させてもらっている。以降、橋本議員には、東海支部の海外登山に度々お世話になり、感謝している。

気が付くと、私が支部長に就任してから早や十二年もの月日が経っていた。この間に支部員の数も増え、海外登山もますます盛んになり、全国で最も活発な支部に成長していた。そんなころ、支部活動に水を差すような椿事が持ち上がる。

一九八九年十一月、日本山岳会本部評議員会は、篠田軍治氏を名誉会員に推薦し、理事会で正式に決定された。これに異を唱えたのが、石岡繁雄さんである。篠田氏の名誉会員推挙の理由は、マナスル登山隊などで使用された酸素用具、器具などの開発に多大な貢献があったからというものである。

篠田氏と石岡さんの確執は、あのナイロンザイル事件を因とする。この事件はすでに解決し、石岡さんの主張の正しさが認知されていた。事件が長い間こじれた原因は、篠田軍治氏による公開実験データが一人歩きし、事を複雑にしてしまったこ

とによるものである。

石岡さんは、そのような人物を名誉会員として同じ会に所属させることに反対し、篠田氏の名誉会員を取り消すよう主張した。石岡さんは、東海支部の設立者であり、支部にとってはかけがえのない人である。東海支部からも支部長の私の名前で、この問題の再審議を願う嘆願書を本部理事会宛に提出している。

この問題の解決を巡っては、山田二郎十六代会長、藤平正夫十七代会長と、二世代にわたって石岡さんとの話し合いが持たれるも、進展は見られなかった。ついに理事会は、一九九一年三月、機関誌『山』の特集号に事の顛末を掲載し、この問題の終結を図った。そしてこれに納得しない石岡さんは、自ら日本山岳会に退会届を提出してしまった。

私と中世古副支部長は、本件への対応のまずさに責任を感じ、一九九〇年四月の総会をもって、それぞれ支部長、副支部長の任を辞することとした。ただし石岡さんには、東海支部の名誉会員に留まってもらい、その後も変わらず親交を続けさせていただいている。

日本山岳会の名誉会員は、定款によれば『本会に対し特に功労のあった者のうちから、別に定める名誉会員推薦規定に基づき評議員会が推薦した者』とある。私はこの定款自体に異議はないが、同じ会に所属している会員に名誉会員の称号を与えるのには、いささか疑問を抱いていた。会のために功労を尽くすのは会員として当然で、こうした経緯から歴代会長は自動的に名誉会員に推薦されているが、これもどう考えてもおかしい。第五代会長の松方三郎氏は「会長はクラブサーバント（召使い）たれ」と言っている。

もちろん名誉会員の中には、日本登山界の発展に貢献して、確かに名誉会員として崇められるべき人もいる。非会員の外国人もいる。一方でこの制度が形骸化し、ハードルが低くなってしまっている現状にも問題がある。いっそ規定の中に、『名誉会員は会員外とする』と書き加えれば、事は収まるのだろうが。

私が会長を退任して以降、実は一人も名誉会員は誕生していない。私の元に打診がくるが、すべてにダメ出しをしている。私も過去の慣例から資格があるが、なる気など毛頭ない。

辞任にあたり、私の後任は湯浅道男さんにお願いした。この名誉会員問題は、ずるずると十三年間も支部長を続けていた私への、「いつまでやっているんだ」とい

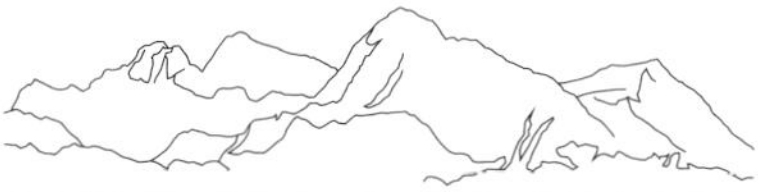

う お叱りだと思っている。もっと早く退くべきだったのだ。湯浅新支部長は、私と中世古さんに、評議員という気の利いた居場所を与えてくれた。そのおかげで、その後は自由気ままに支部活動に勤しむことができた。

さて、湯浅支部長率いる東海支部は、ガウリサンカール遠征が引き金となって、一気に海外登山への熱気を膨らませていった。天山山脈のボゴタ峰（五二八七メートル）を皮切りに、天山山脈の最深部にある雪蓮峰（六六二七メートル）と続く。若い支部員たちの、それヒマラヤだ天山だの声に、昔取った杵柄組が奮起して『インドヒマラヤ実年登山隊』が編成された。

雪蓮峰は、何と四回もの挑戦の末、その頂の初登頂をものにした。最後の秘境と言われ、誰も知られていない地域に踏み入り、雪蓮峰に近づくルートを探ることから研究しなければならなかった。この雪蓮峰には、交互に小川 務と徳島和男が隊長を務めている。

また支部の鈴木常夫さん、沖 允人さんらが引っ張ってきた中高年メンバーによるインドヒマラヤ登山は、その後も二年に一回のハイペースで派遣されており、継続的に計画されている。その数は現在までに十五回、十七隊を数える。今や東海支部は、国内でも指折りのインドヒマラヤ登山の精通者と言えよう。そして近年では星一男がその後を受け継いでいる。この三名のインドヒマラヤにおける功績は目を見張るものがある。

中でも、一九九一年の『ヒマラヤ気象環境調査登山隊』はユニークだった。日本の気象関係の某民間団体が、ヒマラヤのピークに気象観測用のロボットを設置。そのデータから日本の気象を予測するプロジェクトが立ち上がり、東海支部に山頂への気象観測ロボットの設置依頼が舞い込んできた。

ロボット開発にはタッチしなかったが、設置のために東海支部が登山隊を一隊編成する、規模の大きいプロジェクトになった。場所は手近なところが良いということで、エベレスト街道のナムチェ・バザールから望めるクワンデ峰（五八一六メートル）山頂に決め、苦労の末、無事頂上にロボットを設置することができた。私も総隊長として一員に加わり、ネパールの気象庁との打合せ会議に出席させてもらっている。

ところが設置から一年後、この気象ロボットが予想もしない物議を醸すことに

なった。

何とネパール国会で野党の議員が、「日本の登山隊の設置した気象ロボットは、ネパールの国家機密を外に漏らすスパイ行為ではないか」と関係大臣を追求したのである。その記事が載ったネパールのライジングネパール紙が、我々の手元に届いた。私は、気象データごときが国家機密にあたるのかと大袈裟な解釈に呆れ、一笑に付していた。ただ、当時のネパールは政情が不安だったので、政争の具として利用された節がなきにしもあらずではある。

とはいえ、日本大使館やネパール気象庁、間には橋本議員も絡んでもらった手前、政治問題に発展すると、色々なところに迷惑がかかる。総責任者で支部長の湯浅道男さんの心労は相当だったと思う。そこで、観測データが途中から計画通り上手く得られていない状況もあり、撤去を決め、親しいシェルパにその作業を依頼した。

ところが撤去に登ったシェルパによれば、設置場所はモヌケの殻だったという。これは噂だが、実は登山隊が機器を設置して半年も経たないうちに、誰かに全部持ち去られたらしいのだ。日本の登山隊がクワンデの頂上に、とてつもなく高価な何かを設置していった。麓のナムチェ・バザール周辺では、そんなお宝情報で持ちきりだったそうだと、後から聞いた。観測データが、急に入手できなくなった理由が判明した。だって、ロボットが盗まれてしまっていたのだから。スパイ行為どころかとんだお笑いの種だが、ある意味で悲劇でもある。

その後も東海支部の海外登山は、まるで熱に浮かされるように、続々と日本から派遣された。時には、一年に二隊もあったほどだ。中でも特筆されるのは、一九九三年のクラウン峰（七二九五メートル）の初登頂、一九九五年から二年間にわたる篠崎純一の環太平洋一周環境登山、一九九六年のウルタルⅡ（七三八三メートル）の初登頂であろう。さらに一九九七年のK２新ルートからの登頂、二〇〇一年から三度にわたる冬期ローツェ南壁への挑戦と続く。ローツェ南壁は、三度目で南壁を登り切った。これらの主役は、徳島和男、田辺治らであった。

一九九四年五月の総会の直前であった。

突如、湯浅支部長が体調不良で入院するというアクシデントが起きた。彼は支部長辞意を表明するも、突然のことで後継者がいない。湯浅支部長から、緊急事態な

新ルートからのＫ２登頂（1997年）

ので私に再度登板を、と懇請された。支部の混乱だけは回避しなければならず、渋々受けることにした。いつも私の出番は、突然の緊急時である。仕方ない。

今度は四年で支部長を降り、後任を中世古隆司さんにお願いした。私は、中興の祖の一人で、苦労を共にした中世古さんにバトンタッチしたことで、何となく東海支部での私の役目が終わったような安堵感を覚えた。

時代の移り変わりも非常に感じていた。登山は、かつて原さんが提唱していたアルパインスタイルがまさに黄金期を迎えていた。今になって分かるのだが、すでに二〇〇六年の冬期ローツェ南壁隊をもって、包囲法（極地法とも）によるマス登山のスタイルは終焉していた。それ以降は日本からも世界からも、あのローツェ隊のような大規模登山隊は出ていない。

　東海支部の海外登山は、現在も二年に一回ほどのペースで派遣が続いているが、それらはみな規模も小さく、個人レベルの計画で実施されている。いささか淋しい気もするが、これも時代の流れ。今後も登山のスタイルは、進化を続けていくのだろう。

　これまでに東海支部が海外に派遣した登山隊は、かれこれ四〇隊になる。私はこれら全てに、主体的に関わってきた。繰り返しになるが、東海支部設立の大きな動機が、あのマカルーも含めた、ヒマラヤをはじめとする海外登山の実現にあった。このことから、私は『創始の志』の実践と呼んでいる。今もその志は、支部において脈々と受け継がれているのだ。

　私は東海支部について、日本山岳会三三支部の中でも、突出してユニークな存在だと思っている。二〇二一年に東海支部は、設立六〇周年の節目を迎える。私はこの創始の志という光彩を、いつまでも放っていてほしいと願って止まない。

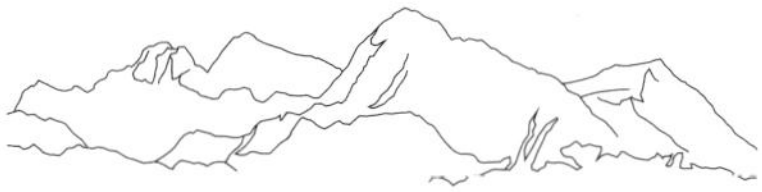

日本最古の山岳会『日本山岳会』

二〇〇九年（平成二一年）、二月初旬のことだった。私は、時の日本山岳会会長の宮下秀樹さんより、相談があるからと上京を促された。心あたりがないので、支部の運営に関するご下問か何かと思ったりした。

数日後に上京し、品川アトレの喫茶室で宮下会長と面談した。ひとしきり雑談の後で、宮下会長から「今季で会長を降りるので、後をやってくれないか」と、思いもよらぬ発言が飛び出した。咄嗟に、例の「おい、お前やれ」のひと言を思い出してしまった。今回もまた突然である。

山岳会の会長は、二期四年が慣例なのだが、宮下会長はなぜ一期で辞めるのだろうか。しかも、そんな前例はないのだ。恐るおそる、特別な事情でもあるのかと聞いた。すると、体調面からとてもあと二年は勤まらないことを告げられた。私に白羽の矢が立った理由については、日本山岳会の置かれた厳しい現状の打開を、尾上に託したいからだという。

しかしそれなら日本山岳会には、もっとふさわしい人が他にたくさんいるはず。なぜ私なのか。頭の中で『なぜ』が渦巻いた。日本山岳会の歴代の会長には、学者、経済人、教育者、文化人、著名な登山家など、これまで錚々たる人物が就いており、そのように相場が決まっている。『なぜ』私のような一介の市井人に、しかも前例のない地方（名古屋）人にオファーがくるのだろうか。

宮下会長によれば、マカルー後の東海支部の再出発に始まり、今日では日本一の支部に育て上げた尾上の功績を買ったのだという。確かに、日本一の支部に育てたのは事実であるが、私が一人でそれを成し遂げたわけではない。時々の支部員が常にたゆまぬ努力をしてきた結果である。

さらに会長は、すでに副会長、常務理事の幹部の人選も終え、彼らから尾上を全面的に支えるという言質も取ってあると言う。何だか先に外堀を埋められたような感じもするが、それは言い替えれば、私の会長就任が全方位で認められたわけであり、悪い気はしなかった。

日本山岳会の厳しい現状とは、会員数の減少と会員の高齢化である。かつて最大

六〇〇〇名超の会員は、今や五〇〇〇名少々にまで落ち込み、同時に会員の平均年齢は六七歳と高齢化が進んでいる。しかも年齢構成は、二〇代が一桁、三〇代も似たようなものであった。このまま推移すると三年後には、会員の平均年令は七〇歳になり、会員数も十年後には四〇〇〇名を割ることになる。老人クラブなどと冗談を言っている場合ではなく、会費の収入減からも会の運営の破綻を招きかねないだろう。まさに危機的な状況にあるのだ。

こうした危惧はすでに十年以上前から指摘されているものの、歴代会長の就任の所信で触れられているだけで、ずっと放置されてきた。裏返せばそれが、相当な難問題だということだ。

確かに私は東海支部の再建に加わり、今では支部員・支部友合わせて五〇〇名を数え、海外登山を毎年のように派遣している。また各委員会の活動も活発に展開させ、全国一の支部への育成に力を注いだ。それは紛れもない事実である。他にも会社経営や各種の公益法人、ＮＰＯなど数多くの団体の運営にも、トップや中枢として携わってきた。私の関わった組織は、これまで一度も衰退を招いたことはない。生意気のようだが、私は、ひそかに組織運営には自信を持っていた。私の組織運営におけるポリシーは、まず目的意識を常に明確にしておくこと。そしてトップに立っても決して驕らず、威張らず敵を作らず、仲間の意見をよく聞き、できる限り多くの人を巻き込むのである。己一人でできる能力の範囲などたかが知れている。私自身、己の能力の分は弁《わきま》えている。だから極力多くの人の手を借り、なるべく多くの人に業務に携わってもらうのだ。要するに、上手くやるのである。

思えばマカルーのころから、私はずっと黒子に徹してきた。隊員が華々しく活躍する陰で、円滑な組織運営と目標達成を実践してきたという、いささかの自負はあった。組織は、会員が目的を共有し、その達成に一丸になった時ほど強いことはない。そのことを私は、経験上、心得ているのだ。

私は熟考の末、会長職を受けることにした。

ただ一つだけ、条件を付けさせてもらった。それは、桜門山岳会の承認を取ってほしいことだった。私も日大山岳部の看板を背負っている。内からの力強いバックアップは、大きな心の支えになるからだ。ただし自分からは言い出しにくいものだ。

すると宮下会長はさっそく、桜門山岳会会長老で元日本山岳会会長のＨＺ氏に会い、私の会長就任の承諾を得てくれた。ＨＺ氏は、日大理工学部教授で、理工学部

会長就任時の著者。日本山岳会本部ルームにて
（朝日新聞社提供）

長にも就いている。

こうして私は、二〇〇九年六月の総会で、第二三代日本山岳会会長に選出された。

私は、就任にあたっての所信に、四つのマニフェストを掲げた。

一・会員の高齢化への対応と若年会員の入会促進

具体的には、高齢化した会員にもっとクラブライフを楽しんでもらえる、いわば止まり木的な存在の強化である。一方で若い会員の入会促進策としては、新たに『ユースクラブ』を設置する。これこそが私の最大の目論見であり、日本山岳会再生のキーワードであると位置づけた。

二．新公益法人制度への移行

政府の新公益法人施行に伴う新しい法人への移行である。移行の期限が二年後に迫っているので、これも緊急対応を求められる課題であった。

三．支部の活性化と首都圏の支部化

地方支部でも高齢化の波が押し寄せている。新規会員の入会もままならず、東海支部を除くほぼ全ての支部が、同じ悩みを抱えていた。まずは隗より始めよ、ということで本部を手本にしてもらう。首都圏の支部化は、無所属の会員にクラブライフを楽しんでもらうための止まり木づくり政策の一環である。

四．『山の日』の制定

これは、宮下会長の申し送り事項で、この運動を盛り上げる受け皿があるので、これを利用して推進してほしいというものである。

正直、今は山の日どころではない。当時の状況からすれば、山の日は二の次、三の次であり、本音はマニフェストから外したかった。

何といっても、山岳会の若返りが喫緊の課題である。かつて日本山岳会本部には、立派な青年部が存在し、これまでも登山史に残るような華々しい登山記録を残してきている。しかし私の設置する若者向けのユースクラブは、それとは全く異なり、もっと若い人達に日本山岳会を広め、活動への理解を深め親しんでもらうことを目的としたものである。入会金や年会費の減免をはじめ、自由に使える集会場所の提供、豊富な図書や資料の開放、幅広い人材を活用した登山や講習会の実施などなど。他の山岳団体とはひと味もふた味も違う、日本山岳会の魅力を前面に打ち出すことに注力した。

今日の時点（二〇一九年度末）の数字であるが、二〇代、三〇代の会員数は二一一人である。ユースクラブの設置は功を奏したといってよい。このクラブ運営は、気鋭の古野 淳、野沢誠司、中山茂樹の三君の手に委ねた。この三君とは、とことん本音で話し合い、会の窮状打開がユースクラブにかかっていることを腹に落とし込んでもらった。彼らが私の期待に応えてくれたものと感謝している。そんな三君も今や、現役の会長、副会長、前副会長として、山岳会の屋台骨を背負う頼もしい存在となっている。私の目に狂いはなかったのである。

次に新公益法人への移行は、一般社団法人か公益社団法人かの選択であった。それぞれのメリットとデメリットを、理事会を通して一年かけて検討した。その結果、理事会は公益社団法人への移行を選択。そして二〇一一年六月十八日の通常総会で、この移行に伴う定款変更が上程された。これまでの議論では、本来自主独立性が色濃い日本山岳会に、国のコントロールが厳しい公益社団法人はそぐわないとする意見が多く聞こえてきており、総会は荒れ模様が予想された。

案の定、総会は冒頭から厳しい質疑の応酬となった。さすがは論客ぞろいの日本山岳会である。理論を盾に舌鋒鋭く切り込まれ、たじろぐ場面もあった。こちらも辛抱強くていねいに応酬する。四時間が経過した。私はトイレ休憩を宣して用を足しながら、強行採決は避ける、とことん議論を尽くす、こうなったら明日の朝まででもやってやると腹を括った。

総会が再開される。質疑応答が続く。ところが時間の経過とともに、質問も同じ内容の繰り返しとなり、挙手も減ってきた。中には退場する者も出だす。私は頃合いと見て質疑の打ち切りと、採決を宣した。反論はなかった。最後は混乱もなく規定の三分の二の賛成を得て、原案は可決されたのである。それ以外にも重要な議案が二、三あったが、会場には疲労感が漂っていて、いずれの議案もほとんど質疑なく穏当に可決されていった。十四時から始まった総会は、二〇時十五分過ぎにようやく終了し、実に六時間十五分にも及んだのである。この時ばかりは、会の平均年令の高さに感謝した。

この公益社団法人移行の選択は正しかった。国の規制も以前と変わらないし、それ以外の選択肢はあり得なかったと、今でも確信している。ただ一つ残念なことがあった。それは、議案に反対した急先鋒の長老の一人に、桜門山岳会のＨＺ氏がいたことであった。後ろから鉄砲を打たれているようで、実に淋しかった。

次に『山の日』についてである。宮下前会長の肝いりであった『山の日』は、某マスメディアが山の日の制定運動に年間二〜三百万円の支援金を拠出し、活動を支援するという話だった。そこでこのプロジェクトのリーダーを、常務理事の成川隆顕さんにお願いした。彼はかつて、東海支部と競合した早大ローツェ・シャール隊の隊員の一人であった。今度は一緒に仕事をするという、奇しきご縁である。

成川さんと総務担当の永田理事の三人で、今後の運動展開の方策を協議するため、そのマスメディアを訪問した。ところが面会した相手は、人事異動により宮下前会長から聞いていた人とは違っていた。新任の運動部長である。会談を進めるのだが、どうも話が噛み合わない。初耳だという。そして山の日の制定運動に資金援助はできないとの回答を受け、空しく退散した。ただ、当初から他の重要課題を優先したい私は、内心「これでこの件に終止符が打てる」とホッとした。

　私は成川さんに「どうしましょう」と意見を求めた。私は、彼に妙案がない限り、山の日をマニフェストから下ろすつもりでいた。話が違うという大義が立つからだ。ところが以外にも成川さんの答えは、「所信に掲げた以上やりましょう。できるだけ努力してみよう」であった。そんな彼の意気込みを止めることはできず、私も気持ちを切り替え本腰を入れることにした。

　その秋、恒例の山岳四団体の幹部による懇親会が開催された。『山の日』の制定運動は、日本山岳会単独では限界がある。少なくとも日本の登山界が一丸となる必要があると感じていた私は、その席上、山の日の制定運動の立ち上げを提案し、四団体から力強い賛同を得た。四団体とは、「日本山岳会」「日本山岳協会（現日本山岳・スポーツクライミング協会）」「勤労者山岳連盟」「日本山岳ガイド協会」である。私はさらに意を強くして、今後の展開については、日本山岳会が事務局を引き

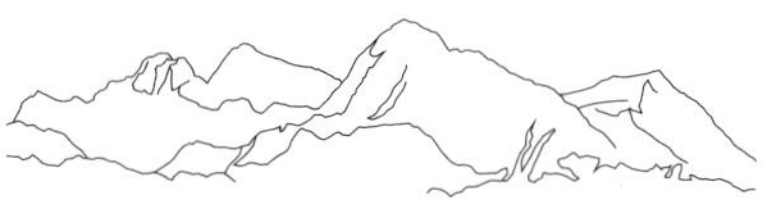

「山の日」の意義を考えるパネルディスカッション。2016年夏山フェスタ（名古屋）。左より司会尾上 昇、パネリスト谷垣禎一（自民党総裁・当時）ほか

受け、事務局長に成川隆顕さんが就くことの了承を得た。

その後の運動は、劇的な展開を見せた。詳細は省くが、成川事務局長とともに自ら協力を申し出てくれた、日本山岳ガイド協会の磯野剛太理事長の献身的な努力の甲斐があって、二〇一六年（平成二八年）一月一日付施行で、国民の祝日『山の日』が制定された。私の四団体への呼びかけで始まった制定運動は、わずか七年で結実したことになる。『海の日』制定にはかれこれ二〇年もの歳月を必要としたこともあって、私は今回

も、きっと膨大な時間がかかることを覚悟していた。その異例の速さには、私自身が驚いている。

その背景には、超党派の『山の日制定促進議員連盟』を立ち上げ、超党派による議員立法として国会に上程できたからである。超党派は与野党全党の合意による法案であり、誰がそれを止められようか。

毎年『山の日』がやってくると、当時の成川さんの「やりましょう」を思い出す。あの時、及び腰だった私の背中を彼が押してくれなければ、即座にマニフェストから消えていただろう。もしそうであれば、少なくとも現時点での『山の日』などお目にかかれなかったはずだ。もちろん実現したのは関係者の努力の賜物であるが、私は毎年この日が来ると、今日は『成川さんの日』だと一人合点するのだ。

会長在任中の私の東京通いは、週一回の一泊二日が基本ペースであった。これが理事の諸兄姉と本音で語れる、いい機会であった。時には全国の各支部にも招かれ、各種行事にも参加することで、濃密な四年間を過ごせた。

ただ同時に私にとってこの四年間は、論客揃いの山岳会で会長として立ち回り、緊張とストレスの連続であった。だが、へこたれるわけにはいかなかった。宮下前会長の期待を裏切ってはならないことと、私が会長の職をミスリードすることで桜門山岳会に、日大の恥というレッテルを貼らせるわけにはいかない。それだけは絶体に避けたい思いがあった。

そして、四年はあっという間に過ぎた。

この四年間を自己採点するなら、辛うじて六〇点の及第点といったところだろうか。

これには、藤本慶光さん、宮崎紘一さん、吉永英明さん、

いつもの仲間と今でも山行を楽しむ。玉山（台湾）登山

神崎忠男さん、成川隆顕さんなど、いずれも私の先輩にあたる方々が、年下の私を献身的に支えてくれたお陰なのである。さらに裏でそう導いてくれた宮下前会長には、深甚な感謝の意を表さなければならない。

私は山岳会会長の任期満了を受け、後任に森 武昭さんを指名した。森さんは「尾上路線を引き継ぐ」と明言し、その仕上げに全力を注いでくれた。ということは私の自己採点、以後の森会長在任の二年間の成果をプラスして、八〇点というのはどうだろうか。これは、いささか自賛が過ぎようというものであろうか。

私は、半世紀にわたって山の世界を歩いてきた。波瀾万丈といってよいだろう。それこそ山に例えるなら、これまで人の世話ばかりしながら、余計な荷物をいっぱい背負って、必死になって高みを目指してきたようなものだ。そういえば、私はこれまでに自分のために何かをしたという記憶はない。ただ一つ、小学校時代の徒競走で、一等になろうと工夫したくらいだ。これでよかったのだろうかと、時に自己

嫌悪に陥ったりもする。山以外の選択肢や、己のために成す道はなかったのだろうか。もっと自分のためにすべきことはなかったのだろうか。深夜に一人で物思いにふける。

反省したところで、もう遅い。でも過去を振り返りながら、これから先の未来に思いを巡らすことぐらいは、許されよう。「未だお前、未来があるって。それこそ思い上がりも甚だしい」と呆れられそうである。

でも、そうだ。もう一度、自分の原点に立ち返ってみよう。そうすれば、新しい何かが見えてくるかもしれない。

私の原点、それは言うまでもない。あの晩秋の鈴鹿路で、一人落ち葉の山道を歩いていたときのことだ。今の私のすべては、「山はいいなぁ」という十代のころの煌めきから、始まっているのだから。

とある晩秋の日。私はきっと、まだ見ぬ何かに出会うことを期待して、紅葉に包まれた静かな鈴鹿の山路を、一人で歩いているだろう。自分探しの山旅なのだ。

あとがき

個人の著す回想録などというものは、つまらないものだと相場が決まっている。本人にとっては、強い思い入れであったり、印象深い出来事なのだろうが、他人には大概が埒もない自慢話なのが関の山だ。わざわざお買い求めていただいた方には、誠に不遜な物言いで申し訳ないが、本書もその類なので『つまらない』というのであれば、ゴミ箱直行で構わない。

歴史上に名を残した、あるいは残すであろう人物の著した回想録や自伝は別である。その中には、必ず歴史的に価値のあるできごとや歴史的な新事実を知る手懸かりがあるからである。少なくとも、人はそれを期待して読むはずだ。

そうは言っても、捨てられるのはいささか淋しい。多少なりとも山に興味を抱いている人には、ご理解いただける余地があ

るのではと、自惚れている。

そんな程度のことなら、大仰に本などにするのは止めたらと言われそうである。その通りであり、初めはそのつもりはなかった。

人生の最終ターミナルのランプが見え出した。振り返ってみると、自身でランダムに書き留めた拙文がたくさんある。思いつくままに、頼まれるままに、何の脈絡もなく書き殴ったものばかりだ。

この際、それらを遺言のつもりでまとめてやろうと思いついた。やり始めると面白い。若いころの文章に思わず赤面したり、こう書けばよかったなどと赤を入れたりした。結構な量である。まとめてみるかの着想にいたる。

となると本である。必然的に人に読まれる。何の造作もない、全くのごった煮では自分が恥をかくだけだ。そんな思いから、

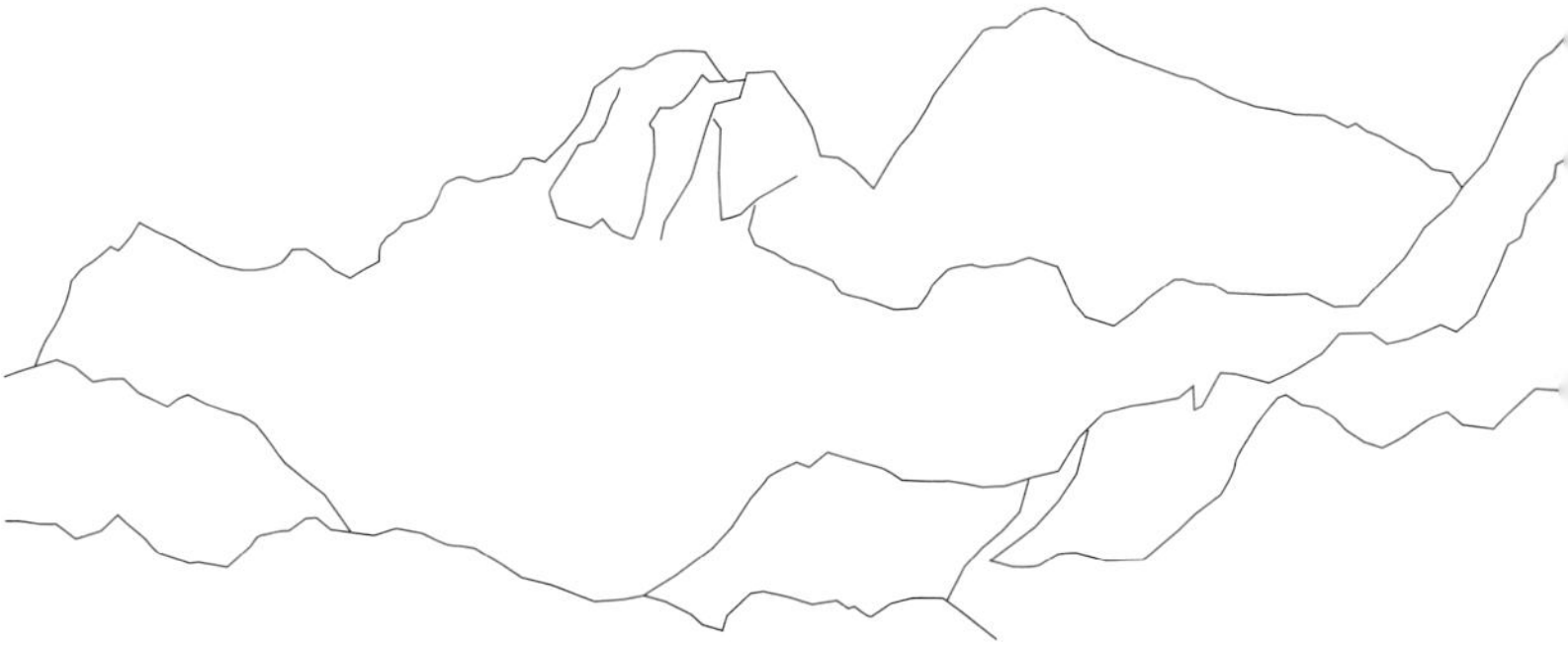

私のささやかな二つの海外登山を基軸に、その背景や前後のできごとにも触れて、改めて書き直すことにした。いささか自虐的で申し訳ないが、ぜひ読んで欲しいなどという押しつけがましい思いはない。

ところが、出版元は、そういう我が儘は許してくれない。一人でも多くの人に読んでもらえるようにと、もう少し感傷的にとか情緒的な表現を求められる。直情的でセンチメンタリズムなどというものから縁遠い私の、一番苦手とするところだ。また登山活動についても、多くは一般ウケを狙う観点から、ことさらできごとや結果を誇張する傾向が生じる。

ヒマラヤ登山に詳しくない人達にはそのまま受け入れられようが、仲間には化けの皮を剥がされる。私としては、恥じ入るばかりである。

正直なところ、元原稿には、もっと卑猥で過激な表現や、逆

にへりくだって綴られている箇所がいくつかあった。それらは、穏当な文言に直されたり、削られたり、訂正させられている。

私を知る人は、いささか普段の言動とは違っていると言われそうだが、その辺りはお察しいただきたい。このことは、特に卑猥な、過激な表現は、出版元が新聞社という公共性、公器性から修正を求められることは止むを得ないことだと理解はしている。

本書は、中部経済新聞社（以下中経）に出版をお願いした。本来であれば、私のこれまで置かれた立場からは、山岳専門の出版社『山と渓谷社（ヤマケイ）』にお願いするのが筋なのだ。ヤマケイの関係各位には、申し訳ないと思っている。中経には、山に関するイベントでの協力関係、現社長の恒成秀洋氏との親交、中経の連載小説『マイウェイ』の執筆などで、お世話になりっぱなしである。そして何より、地元である。

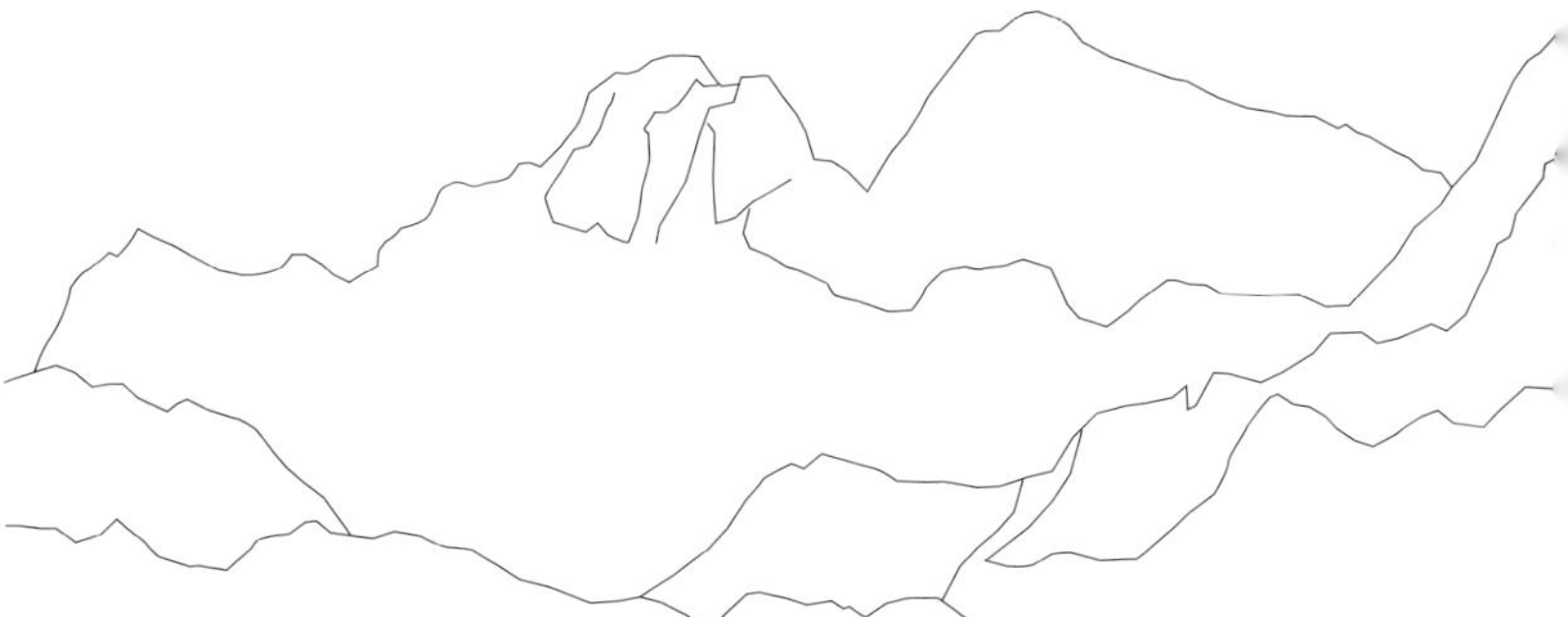

本書の上梓にあたっては、編集を担当してくれた中経事業部の奥村一仁氏、福光英人氏に、随分ご無理を申し上げている。原稿の清書には、久保田裕子嬢の手を患わせた。また、装丁とカットは、日本山岳会東海支部随一の本の虫で、日本山書の会の重鎮、安藤忠夫氏にお願いした。これらの方々に深甚なる謝意を申し上げたい。

最後にひと言。読後感をどのように思い抱かれたか私の知るところではないが、私は決して山が全てで、山一途の半世紀だった、などと思い上がってもいないし、考えたこともない。まして、誉められようなども論外である。ごく普通の、閑居して不善をなしている小人の一人に過ぎない男の、遺言のつもりである。

要は、東海支部の和田豊司に言わしむれば「好き勝手、やりたい放題でしたね」である。半ば当たっている。そんな男の独白とご理解賜れば幸甚である。

本書をグリーンランドとマカルー行を共にした、今は亡き仲間たちに捧げる。

尾上　昇

■著者年表　山岳関係の主な経歴

昭和41年3月　日本大学体育会（現保健体育審議会）山岳部に所属
昭和41年5月　日本大学第二次グリーンランド遠征隊隊員
昭和45年2月　日本山岳会東海支部マカルー学術遠征隊隊員
昭和49年5月～昭和62年5月
　社団法人日本山岳会東海支部長
昭和55年8月　日本山岳会東海支部第一次日本・ネパール国際親善登山隊総隊長
昭和59年9月　日本山岳会東海支部第二次日本・ネパール国際親善登山隊総隊長
昭和61年8月　日本山岳会東海支部第一次雪蓮峰登山隊総隊長
昭和63年7月　日本山岳会東海支部第二次雪蓮峰登山隊総隊長
平成6年5月～平成10年5月
　日本山岳会東海支部長
平成7年6月　日本山岳会東海支部 環太平洋一周環境調査登山隊総隊長
平成9年5月　日本山岳会東海支部 K2学術登山隊総隊長
平成11年5月～平成15年5月
　日本山岳会評議員
平成11年6月～平成13年6月
　桜門山岳会理事長

平成13年12月　日本山岳会東海支部 第一次ローツェ南壁冬期登山隊総隊長
平成15年12月　日本山岳会東海支部 第二次ローツェ南壁冬期登山隊総隊長
平成18年12月　日本山岳会東海支部 第三次ローツェ南壁冬季登山隊総隊長
平成21年5月～平成25年5月
　（公益社団法人）日本山岳会会長
平成25年5月～平成29年5月
　（公益社団法人）日本山岳会評議員

【公職】
（公益社団法人）日本山岳・スポーツクライミング協会参与
（一般財団法人）全国山の日協議会評議員
ヒマラヤンアドベンチャートラストオブジャパン評議員
（一般社団法人）愛知県ノルディック・ウォーク連盟会長
（公益社団法人）日本山岳会東海支部常任評議員
桜門山岳会評議員

【賞罰】
平成18年春　藍綬褒章受章
平成25年春　旭日小綬章受章

尾上昇　Noboru Onoe

昭和18年2月16日生
「OMC株式会社」代表取締役会長
愛知県名古屋市在住

昭和18年2月16日名古屋に生まれる。東海高等学校を経て、昭和41年3月に日大理工学部経営工学科(現生産工学部)を卒業、同大体育会（現保健体育審議会）山岳部出身。昭和41年10月株式会社尾上機械（現OMC株式会社）に入社、昭和63年5月25日より同社代表取締役に就任。平成6年より日本山岳会 東海支部支部長、名古屋青年会議所専務理事、東海中・高同窓会副会長、名古屋大須ロータリークラブ会長などを経て、平成13年6月には（社団法人）日本食品機械工業会会長、翌年には日本食品工学会副会長に就任。平成16年4月〜平成20年3月まで愛知学院大学法科大学院学外評価委員を務める。平成21年5月からは日本山岳会会長となり、現在も日本の登山界で活躍している。

追憶のヒマラヤ
〜マカルー裏方繁忙録一九七〇〜

令和2年12月8日　初版第1刷発行

著　者	尾上　昇
発行者	恒成秀洋
発行所	中部経済新聞社 名古屋市中村区名駅4丁目4番10号 名古屋クロスコートタワー17F TEL052-561-5675（事業部/出版）
印刷所	西濃印刷株式会社
製本所	株式会社渋谷文泉閣

ISBN ISBN978-4-88520-231-5　C0095